JN439218

마이너리거

국립중앙도서관 출판시도서목록(CIP)

마이너리거 : 한명희 시집 / 지은이: 한명희. -- 대전 :
지혜, 2013
p. ; cm. -- (지혜사랑 ; 083)

ISBN 978-89-97386-54-3 03810 : ₩8000

한국 현대시[韓國 現代詩]

811.7-KDC5
895.715-DDC21
CIP2013009856

지혜사랑 083

마이너리거

한명희

지혜

시인의 말

시로부터
위로를 받자던 것이 고통이 되었다

빠져나오려니
더더욱 고통스럽다

2013년
한명희

차례

2부

3부

4부

• 일러두기
한 연이 첫 번째 행에서 시작될 때는 > 로 표시합니다.

1부

서울로 간 먼지

푸른 바다 먼 또는 가까이에 있는 섬, 동백이나 꽝꽝나무 우거진
숲에서 부는 바람을 타고, 말은 제주도로 보내고 사람은 서울로
보낸다는 서울에 도착했다, 또 다른 나와 함께……

흥이 난 사람처럼 빌딩과 지하철과 도심 속을 난분분 오르내리고 있을 때 곧 나처럼 가벼워질 사람들은 삼삼오오 있으나마나 한 시간을 끌어안고 종묘 앞에 앉아있다 흥들이 났는지 어깨춤을 추다가 졸다가 썩은 밀가루처럼 된 또 다른 나와 같이 아파트 층층 내려앉는다 지는 해를 등에 업고

허파꽈리처럼 불거진 발코니에서 사내가 담배를 피워 문다 아니 어쩌면 타고 있는 담배가 구도자처럼 사내를 대신해서 제 몸을 불사르고 있는지 모른다 콧구멍을 통해 나온 연기가 어느 영혼처럼 허공을 맴돌다 시궁창처럼 썩어가는 어둠 속으로 사라진다 이미 재가 된 담배가 씁쓸한 뒷맛을 남긴 채 내 위에 떨어진다 감옥에 들어와 비로소 자유로워진 탈주범처럼 죽어서 더 편안해진 화장터의 시신도 나처럼 잘게 부서져 매연 낀 시멘트 숲을 맴돌다 한줌 흙이 되리라! 드디어 흙이 되리라! 흥이 다시 되살아난 나는 그만 나도 모르게 꽝꽝나무나 동백을 그리워하며 스러지는 것들의 이불이 된다 침대가 된다 한 몸이 되기로 한다

무심천

물, 보에 막힌
바람과 시간 얽히고설켜
일어서려다 만
잡초 이름도 가물가물한
친구 달뿌리풀처럼
손을 뻗어 물을 찾던
술병과 깨진 플라스틱바가지
껌처럼 붙어있는 휴지
밑줄처럼 그어진 하상도로
달려가는 자전거와 주저앉은 자전거
가끔씩 울어대는 자동차
경고음과 속보로 걷는 추리닝
강아지가 멈칫멈칫 지나간
벚나무에 목을 맨 비닐봉지
비닐봉지를 백처럼 든 여자
찢긴 우산이 죽은 고양이처럼 누워
파리떼가 올챙이처럼 붙어
죽은 개구리 물에 빠진
첨탑과 구름과 수초에 찔려
붉게 피를 흘리는 해
뜨겁게 타다가
누군가의 손에 버려지고 싶은 나
보, 보에 막혀

엉뚱,하고픈 밤

만약, 찢어 버린 다짐이나 편지처럼
재구성할 수 없는 문장들로 가득한 나를
수정하거나 편집해주는 곳이 있다면
이국의 마을 오아시스 같은 곳에서 불어오는 바람과
사막의 별자리가 되는 바람, 이라는 문장이다
콘크리트 속에서 모래알을 씹다 사막이 된 나는
종려나무 다시 싹틔울 만큼의 비를 간직한
구름이며 눈망울 그렁그렁한 낙타다, 말이다
별자리를 뛰쳐나온
신화이며 듣다가 잠이 들 아이다
여기 녹슨 철문을 타고 올라온
메꽃이 집나온 소녀처럼 연붉게 웃고 있는 집
술이거나 밥물이며 이슬처럼 맺혀서……
점점점, 점으로밖에 끝낼 수 없는 어느 카라반의
깨알 같은 소식이다 깨꽃이야 피든 말든
남이야 깨소금을 볶든 말든
어느 날은 오아시스 혹은 신기루 같다가도
사막을 걷는 것처럼 모든 것이 막막해지는 직장
길을 찾아주는 아이콘이며
삭제하고 싶은 것들의 휴지통이다
불완전 연소라는 접속사를 달고 타들어가는
담배다
마지막 불꽃이다

등뼈

등에 입은 상처를 치료하다 능선을 보았지 암벽 타듯 손가락을 짚어 더듬더듬 올라가면 비바람에 쓸려 난 돌길 같기도 습새 같은 작은 새들의 날갯짓 같기도 한 우러러도 내려다도 보던 능선 오르고 또 오르다보면 어느새 내 사는 동네를 발아래 둔 정복자가 되고 정상이 되고 산의, 정상이 된 그 순간만은 세상 두려울 것도 부러울 것도 없던 바로 그 능선…… 풀 한포기 나도바람꽃 한 송이 자라지 않는 민둥산 같은 비계만 남은 배의 가슴의 혀와 머리의 기둥인 등뼈 잠시나마 기둥에서 벗어나고 싶었을까 벼랑 같은 곳에서 석양이 들 듯 피를 보이는 등, 뼈, 북쪽의 먼먼 산맥 같은

아담증후군*

머리카락이 빠지고 있어요 속알머리 없는 놈이라고 사람들이 놀리는데 그건 제 잘못이 아녜요 나는 그냥 몸이 시키는 대로 아내를 멀리 했을 뿐 자위는 생각해본 적도 없어요 술 못 먹는 집안 내력 때문이라고 아내는 매일 밤 포도주를 권해요 검은깨를 바르고 검은콩을 먹이고 경제지를 보다가 등돌리고 자기를 원해요 버틸 돈이 없는 나는 또 절벽 같은 등 뒤에서 없는 머리카락을 쥐어뜯고 있어요 뒤로할 수 있는 게 뭐 없을까 뒷거래가 스릴도 있고 힘도 덜 들고 재미도 쏠쏠하다는데 소갈머리 없이 나도 등돌리고 생각해요 아내 몰래 뱀탕을 먹고 해구신을 찾아 멀리 남극까지 밀항하는 꿈을 꾼 것도 죄가 되나요 의사 처방 없이 비아그라를 사먹으려 한 것이 실정법 위반이라면 그건 인정하겠어요 아니아니 부정하겠어요 생각한 것만으로 죄인이 된다면 제 삶이 너무 불쌍하잖아요 아버지, 그나저나 얽히고설킨 제 가계도의 신경줄 좀 잘라주세요 질긴 줄과의 인연을 끊고 그 자리에 동백을 심고 싶어요. 강진이나 해남 사는 동백처럼 푸르게 살다 붉게 떨어지게요 가발을 벗고 가면도 벗은 나는 이제 사자도 늑대도 아니에요 고양이의 빨간 발톱이 무서워 찍소리도 못 내고 사는 쥐예요 쥐새끼예요 혹, 당신께서도 그렇게 살다 시간의 덫에 걸려 찍소리도 못하고 죽은 쥐새끼는 아니신가요? 아버지

* 중년이후 남성호르몬 분비가 줄어들면서 생기는 각종 증상을 통틀어 일컫는 의학용어.

청룡열차

세상이 뒤집힌다
호기심에 대든 나는 손발이 뒤집히고
눈알이 뒤집히는데
그렇잖아도 한번쯤은 확, 뒤집어졌음 싶던 세상
종유석이다 화살이다
깨진 유리조각,
엄마가 입에 달고 사시던 요지경 같은데
지구 밖은 어떨까
무중력이 이럴까
우주를 달리던 나 어릴 때 은하철도 999
지금도 어느 행성에서
엄마 찾던 소년을 태우고 다닐까
제도권이나
궤도 밖으로는 한발짝도 나아갈 수 없는 내가
폭발하는 비명과 탄성을 추진로켓 삼아
위성처럼 돌고 있을 때
정해진 시간 속에서
내 실업의 하루를 가지고 놀던 열차
아직도 제정신이 아닌 나를
덜커덕, 출발선 위에 다시 내려놓는다

제 정신이 두려운 나는
위성처럼 계속 떠돌고 싶은데

이렇게

오동나무 잎 하나 어깨를 툭, 치고
바닥으로 떨어지는 순간
이렇게 두 발이 멈칫했다는 건
바닥이 바닥으로 떨어지는 걸 본 적이 있다는 거
누군가의 어깨를 툭, 치고
지나친 적도 있었다는 거 이렇게
누군가의 손등 같은 잎에 검버섯 피고
누렇게 떡잎이 들었다는 건
바닥으로 지내던 누군가의 손에도
황달이 들었다는 거
제본소에서 손 한쪽을 잃은 친구
놓친 손과 놓은 손도 이랬다는 거
이렇게 바람불고 쌀쌀하던 날
공원 한쪽 바닥에 누워
몸 뒤척이는 오동잎이 있었다는 건
바닥 털고 일어나려고
뒤척이던 손도 그 안에 있었다는 거
놓친 손도
놓은 손을 찾아 한동안 그랬다는 거

박새

박새 한 마리 나를 찾아왔네
손에 놓인 땅콩이 불러들였네
누군가를 꼬드긴다는 건
그것도 먹잇감으로 꼬신다는 건
즐거운 일이네
화살나무 잎처럼 돋은 새의 입과
쥐똥나무 씨 같은 눈이 땅콩을 물고 갈 때
가만,
손가락만한 저 몸 어디
콩알만한 간이라도 붙어있기는 한 건지
장난삼아 내민 손에
이리 겁도 없이 달려들다니 저러다
어느 손에 붙들려 잡혀 지내면 어쩌나
새끼들을 타지에 보내놓고
걸핏하면 간이 콩알만해지는 내가
이러도 되는 건지
깃털바람에도 움찔하는 낙엽처럼
정신이 번쩍 들렸다 놓인 나는 그만
얼굴이 벌개져 내밀었던 손
멋쩍게 거둬들이며 도망치듯
그 자리를 떠나는 것이네

가면무도회

천만에 나는 흐르는 강물, 역류하여 되돌아오다가 제 그림자에 놀라 다시 되돌아 걷는 다리, 쉼표도 그늘막도 없는 갓길, 푸른 초원을 향하여 정신없이 달리다 낙마한 경마장의 말, 밤이면 밤마다 찾아가게 되는 포장마차, 라면이지, 어묵이며, 닭발이며, 돼지껍데기, 전선주에 다닥다닥 붙어있는 광고지, 전깃줄에 목을 매서라도 한 달에 한번쯤은 보름달이 되고픈 초승달, 툭하면 대사를 잊어버리는 배우지, 갈대의 바튼 숨소리지, 누군가의 겨드랑이를 스치는 바람소리지 나는, 풀을 먹는 풀이며, 고길 먹는 고깃덩어리, 몇 장의 오래된 사진 훈장처럼 꺼내 놓고 춤을 추는 무대지, 머리에 머리를 처박는 침실이며, 주방이며, 화장실이지, 유감스럽게도 당신과 당신이지, 거울과 거울 그렇지 언젠간 깨질 유리잔이지, 익숙해진 몸짓으로 커피를 마시고 난 잔에 가득 부어지는 술이지,

와이키키

춤추는 와이키키 나를 유혹하는데
철 지난 사과 몇 알 올려놓고
떨입니다 떨이 오천 원 받는 건데 삼천 원!
을 외치는 이 여자는 주머닐 유혹한다
일면식도 없는 손을 잡고
잡힌 김에 우리 사과 대신 춤이라도 한번 추자 할까
지는 해를 조명 삼아
등이라도 맞대고 돌다 보면
굽실거리다 굽은 허리라도 피차 펴질 것 같은데
사과는 풋사과가 제 맛이고
사내는 단단한 것일수록 잘 팔린다는데
철 지난 사과처럼 한물간 내가
단속 나온 사람처럼 좌판째 들고 가면 따라올까
일자리 구할 때 짓던 간절한 표정이면 들어줄까
빛바랜 야자나무 아래서
머리만 돌리다 돌아서는 오후
버스에서 내린 사람들
우르르, 좌판에서 사과 쏟아지듯 굴러 나온다
사과빛이다 검붉게
영글어가는

개살구를 추억하다

개미였다 나는
허리 질끈 동이고 두 손 두 발
쉴 틈 없이 놀리고 다녀도
눈떠 보면 어느새 추락해있는
시커멓게 그을린 채
목타는 한 시절을 기고 있는
나는 약간의 달콤함에도
무작정 달려들고 보는
개미였다
가랑비에도
집 한쪽이 줄줄 새고
출구가 탁,탁, 막히는
살구나무집 그 땀내 심하던 개살구
상한 속까지 파먹고 자란 나는
주둥이만 부지런한 개미였다

보이느냐 저기
피로 물든 잿빛 구름 속
오롯이 너를 지켜보고 있는 개살구
눈물보다
신물이 더 많던

비몽

나비가 자라고 있다
나비공주가 아바타병사와 입맞추고 있을 때
생긴 알이 하나 툭, 포탄 떨어지듯 내 머릿속에 떨어졌었나?
꿈인지 이곳이 영화 속 인큐베이터인지 시를 생산하는
구름 속인지 상상력 떨어진 내가
피를 뚝뚝, 흘리며 비로소 아버지를 찾는다 아버지!
간을 키워야겠어요 나비 가르칠 학원도 알아봐야 하고
시를 기를 상상도 하나 장만해야겠어요 초록빛
나비를 먹이기에 내 시는 너무 부족하고
남아있는 상상은 고갈돼 보여줄 수도 없답니다 아버지, 추락하는
인공위성이나 내리는 저 빗줄기를 타고 오셔서라도
당신의 아바타가 되고픈 저를 좀 굽어살펴주실 수는 없나요
아리랑을 찍은 영화감독처럼
야 이 개새끼들아! 이 좆같은 씹새끼들아!
세상에 하고 싶은 욕 다하며 파주나 양구 어디 아무데나
똥을 누고 침을 뱉어도 누가 뭐랄 데 없는
숲속에다 집을 짓고 초록빛나비와
수천수만의 나를 다시 쓰고 싶어요 그러냐? 그러지 그런데
널 닮은 시를 키워서 어쩌려고
뭘 또 어쩌려고!

오징어

아무렇지도 않게 나를 씹고 있다면 그것은 무언가를 죽이고 싶다는 당신의 속내를 슬쩍 드러낸 것이다 때린 곳을 또 때리는 것도 아파죽겠다 아우성인 사람들이 소주를 찾는 것도 저 살자고 남을 씹는, 고추장 시뻘건 이 입과 저 입들이 또 한 번 누군가를 도마 위에 올려놓고 난도질해보자 함이요 몸 둘둘 말고 허공을 휘젓다 두 번씩이나 죽임을 당한 내 이웃의 고통을 즐기자 함이다 바다는 이미 저 세상의 인연으로 끝나있고 파도치던 팔다리의 기억은 아득한데 파도와 마주앉은 당신이 화덕을 끼고 앉아 라면을 끓이거나 배추김치와 무를 베어 먹는 것도 회 무침 한 접시와 종이커피 한 잔에 낄낄거리며 사랑하는 일도 결국 누군가의 먹물 같은 애간장을 씹고 있다는 것이고 친구와 친구 곁에 앉아 있던 웃음과 달력과 휴대폰액정처럼 투명한 눈물에 저 역시 씹히고 싶다는 건 아닌지 살가죽 벗겨지고 사지가 찢겨나가는 내 고통 맛보고 싶다는 건 아닌지 아직도 당신 안에서 씹고 또 씹히고 있는 나는 감히 소금기 가득한 생각을 찔끔찔끔해보는 것이다

타시텔레*

티벳의 전통가옥엔 화장실도 지붕 위에 있지
사다리를 타고 올라가 똥을 누면
구름과 달과 별들도 내려와 에메랄드빛
오줌을 보태곤 한다네

그 똥오줌을 받아먹고 사는 게 돼지만은 아니라네
밀과 보리와 감자가 먹고
소와 양과 야크도 먹고 사람과 새끼들은 자란다네

양의 젖과 고기로 배를 채운 그날 밤
여린 내 똥구멍은 차마 그냥 잠들 수 없었나 보네
꿀꿀대는 돼지, 울음소리 때문인지
야크똥으로 저녁 짓던 여인의 이 없는 미소 때문이었는지
위만 보고 걷다
지쳐 누운 나를 자꾸만 일으켜 세웠네 줄줄줄 줄줄줄
먹은 음식을 모두 반납하게 했네

사방에서 모여든 별과 함께
반쪽이 된 달과 함께

집 안팎을 덮고 있던 어둠이
스스로 물러날 때까지

* 티벳어 행운을 빕니다.

검정우산

전나무그림자는 펼쳐 든 검정우산, 안쪽엔
서로를 지탱하던 옹이들로 가득한

우산살처럼
모든 것이 연결되어 있는 세상은 비린내나는 손을 잡고
매일매일 헤엄치던 우리를 전나무 숲으로 데려갔지
가자미눈을 하고 서로의 아침을 펴 올리던

산허리마다 살구빛으로 헤엄쳐 다니던 안개가
검정우산처럼 펼쳐진 능선 너머로 사라질 때 우리는
반짝, 불을 켜는 알전구 오징어잡이 배처럼
먼데서 해변은 다투어 꽃을 피우고

접지 못한 꿈처럼

해변을 드나들던 태양이
아침과 저녁노을이란 이름으로 불릴 때
파도란 이름으로 불리던 개펄엔 진자주색 단풍이 들고
단풍보다 서리가 먼저 내린 나는
젖기 위해 태어난 우산, 빛이 통과하지 못한
전나무그림자라네

그 여름

손발 허옇게 부풀도록 냇가에서 놀다가 해질녘까지
못 찾은 운동화 한 짝 선물로 주고 간 누이 따라 갔는지
밥 대신 부지깽이 엄마한테 얻어먹고
엇비슷이 쫓겨나온 아이들과 헤헤 다시 모여 인규야! 종철아! 장수야!
부를 때까지 딱지치기 말타기 술래잡기 하다 종아리에 피멍들어도
일기장엔 언제나 이빨 닦고 세수하고 토끼 풀 주고
동생들과 사이좋게 놀다 방 쓸고 발 닦고 숙제하고 잤다

들 나갔던 아버지 호통쳐 깨워도 둘둘 이불 말아 뒤집어쓰다
열무김치 꽁보리밥 뚝딱 해치우곤 곤충채집 식물채집 핑계로 또다시 뭉쳐
인규야! 종철아! 장수야! 부를 때까지
땅따먹기 다마치기 비석치기 참외 수박 서리하다
뭐 빠지게 도망치던 남선리 창말

오십 년 세월도 그렇게 도망쳐 버린

경적소리

어둔 장막이 무대커튼처럼 걷히는 아침

길에는
견인해야 할 차가 견인 당하는 차에 매달려 주춤거리는 차들 속에 묶여 있고 달려가라고 누가 등 떠민 것도 아닌 것도 아닌 닭장차는 배식 기다리는 사람처럼 줄줄이 서있는 차들 속에 갇혀있다 한물간 고등어와 갈치 대파에 감자 호박과 순두부 보리 건빵 한 부대와 설탕 당근과 마른 북어 대걸레에 쓰레받기 고무장갑이 든 비닐봉지…… 층에 층을 쌓고 벽에 벽을 이룬 것들이 죄인처럼 그물망에 갇혀있는

가로질러가는 길에는
가로질러가는 캐딜락 까만 색
상주와 흰 국화꽃 싣고 가는 버스와 버스 뒤에 뒤에 뒤를 잇는 경적소리 크고
작은 수캐 울음처럼 들리는

길 건너
박살 난 유리가루처럼 반짝이는 된서리에 박살 난 차가 두 대 병든 코끼리와 밍크고래처럼 누워있고 죄송해요 생신 때는 모르겠지만 상견례 땐 꼭 참석할게요 통화중인 사람보다 구경하는 내가 더 잘 들릴 것 같은 길에는 애기 업은 엄마와 무 든

할머니 뚫고 나가야 할 고개와 넘어야 할 장애물,을 만난 듯 고래고래 소리 지르는 시내버스정류장 위로 마누라 해진 옷처럼 걸려있는 구름 한 점 아래 신호등에 묶여있는 나
52거 2098, 10년 된 승용차와 고물이 다된 나

2부

달빛소나타

굶기를 부자 밥 먹듯 하며 독립운동 하셨다는 아버지
자식도 독립적으로 키우기로 작심한 것인지 돌도 안 된 나를 두고 일찍 돌아가셨지
(가난한 가장이 몸소 가르치는 조기교육이라고나 할까)

영특했지 조기는 없고 자린고비만 있던 집에서 열한 살이 된 나는
남의 집 심부름꾼으로 구두닦이에서 아이스께끼 벽돌공장 오삽에서 주방보조
독립군이 변장을 하듯 불행을 바꿔 입고 자주독립을 외치고 다녔으니
그러나 독립은 나라 찾는 일만큼이나 요원하였고
손에 박힌 지문은 불행을 노래하는 악보 같아서
내 손을 잡은 입에서는 한숨과 슬픈 노래들이 저절로 줄줄 흘러나왔지

80년 봄이던가 삼 김과 내가 희망에 들떠있을 때
15평 주공아파트와 중고 포니가 선물처럼 내게 쥐어졌을 때 나는
한 마리 야생마, 마두금을 켜며 초원을 달리던,
유목민처럼 클랙슨을 울리며 도심을 누비는 친구들을 불러다 술 퍼먹기 바빴고

사십 다 돼 만난 마누라는 쓸고 닦기 바빴지
그럴 때마다 친구들이 들고 온 양주와 넥타이는 내게 더 나은 독립을 촉구했고
그때 내준 인감도장은 내가 나를 죽이는 혈서가 되었지

달빛 기웃거리는 포장마차 안에서
담배 끄는 것도 잊은 채 듣던,
먹던, 설익은 라면처럼 질기고 기인 이야기

고씨네

충청남도 논산군 두마면 남선리 감나무집 고씨네
열다섯 이름만 큰누이
입 하나 덜겠다고 방앗간 집 후처로 가고
둘째는 면내 탁주공장 안 채에 수양딸로 보내졌다네
진달래도 박태기도 붉게 떨어지던 날
두 살배기 막내는 홍역 앓다 떨어지고
희망 없인 살아도
막걸리 없인 살 수 없다던 가장은 그만
막걸리가 타 논 제초제를 마시고 조상님들 계시는
솔숲으로 이사를 가셨다네

하나 남은 아들 등록금으로 기둥 같던 소를 내놓고
해질녘 새끼돼지를 품에 안고 돌아온 고씨네
엿장수에게 팔려간 냄비나 고무신처럼
허름하고 주름 많은 동네사람들
희망 찾아 자식 찾아 뿔뿔이 떠나갔어도
대처 사는 아들의 아들이 보고 싶어도
감나무껍질 같은 손바닥을 비비며 안 간다 안 간다
버티던 고씨네
몇 푼의 보상비에 집 팔고 조상 팔고
기어이 기어코 이사를 간다네

세월만 주렁주렁 감나무에 매달아놓고서

빨랫줄

구멍 난 양말과 덧댄 몸빼바지
같은 것은 누추를 짊어지고
가끔 흔들리기도 하면서
온몸 휘어지던,
그러나 지금은 마당 한가운데서 그래도
수평만은 유지한 채
고요를 벗 삼아 쓸쓸히 낡아가는

외줄 위에서

땀에 젖은
부채가 되어
스스로를 부채질해 가면서
동백꽃 피다 지듯 툭, 툭, 터지는
박수 속에
통장 술을 즐기다 가신 어름사니
어느 집 아버지

잦은 바람에
흔들리면서도 결코
중심을 잃지 않으셨던 그 줄광대가
부디 잊지 마라!

마당에 새겨놓고 간
저
생의 밑줄,

노을

간다
죽은 갈매기와 함께
바다로부터 시작해서 바다로
지는 것은 해가 아니고
꽃이라고 가는 길에 붉은 꽃물이 번진다
수제비를 반죽할 함초물이라고
내가 고집할 때
야금야금, 햇살을 뜯어먹던 바다는
시커먼 속을 드러낸 개펄, 땀에 젖은
지도의 등고선이나 사진에서 본 화성의 분화구
발자국을 남기며 뭉개며
분화구를 찔러보고 다시 걷는 나는
휴화산
해뜨기 직전의 능선처럼 가슴에 불덩이 하나 간직한 채
다시 폭발하기만을 기다리는
갈매기 어딘가에 있을
삶의 지도를 찾아 끝없이 지평선을 날고 기는 아니아니
바람으로 하자 곰소와 후포와 지지포를 거쳐온
구름으로 하자
함초빛 능선에서 떡이 된 채 익어가는
수제비로 하자
짠물과 민물의 경계에선 누군가가

뜯어먹고 빚어먹다
가는

브라보, 파고다공원

어미고양이 새끼 둘을 거느린 검은고양이
쓰레기통에 갇혀있는데도
눈길 주는 이 아무도 없는데도
얼굴 붉힌 석양은 불쑥불쑥 팔각정으로 기어들고
언제 죽을지도 모르고
개가 되고 돼지가 되던 윷가락들은
멍석말이가 되어 들려나가는데도
가난한 굴뚝처럼 담배연기를 내뿜는 이 사람
파고다담배가 등장한 때부터 자주독립을 외치며 낙원을 꿈꾸던
낙원상가는 여전히 낙원인데도
공원 안에 스스로 갇혀 낙원을 찾고 있는 이 사람
부르짖던 독립은 내가 생각했던 것과는 다른 것이었는지
육십 넘은 지금까지도 혼자 사는 이 사람
출소하는 노부부처럼
두부김치 한 접시에 어깨춤을 추던 여자와 브라보!
브라보!를 외치다 삼일문을 나선다
어미고양이는 아직도 쓰레기통을 벗어나지 못하고
유치장간수처럼 고양이눈을 하고 있는 나는
낮빛 시퍼런 동상처럼 꼼짝 못하고 서있는데도

안나푸르나

까까머리 각을 이룬 산, 덮고 있는 눈들이 내 눈앞에서 빛난다

누군가의 눈앞에서
빛날 수 있다는 건
한두 번의 고통으로 되는 것은 아니라서
이 눈들은 수천 미터 살을 에는 히말라야 산속을 찾았을 것이다
인고라는 말, 내가 잊고 지낼 때

녹아 없어질 누군가의 생애가 눈부시다는 건

세습이든
관습이든
언 땅에 헤딩하고 숨이 턱까지 차올라
무릎 절로 꺾여도
각을 세우거나
무리에서 이탈하거나 불구덩이에 뛰어드는 우를 범하지 않는 것

눈들은 알고 있을까

수천 년 이어져온 까까머리의 자궁이었으며

별과 달과 해를 좇다 목말라하는 것들의 젖줄이었을,
또 한 무리
송이송이 눈꽃 송이 ……

위를 보고 아래를 봐도
눈부심으로 꽁꽁 언 나는 그만
그 자리에 나를 엎드려 꿇리고 뒹굴다 다시 엎어지며 또 한 무리
작디작은 눈이 돼보는 것이다

매미

그대가 엮은 책속에서 그대가 읽고 있는데
내가 왜 끼어들어 편집하려 했는지
왜 덧붙이고 삭제하려 했는지

그대가 가꾼 꽃밭에선 이 밤도 그대의 나비가 날고
벌들은 그때의 꿀을 찾아 방안 구석구석을 윙윙
한쪽 귀라도 집을 뛰쳐나갔으면 좋을 지경인데

6~7년을 내 안에서 살던 그대는 이제 없고
그대의 책속에서 그대의 삶을 간섭하려 했던 나도
이제는 없는데

페이지를 넘길 때마다 들려오는
이 울음소리를 내는 당신은 누구신가
더듬이도 없이
토굴 같은 반지하까지 찾아오는 당신은 대체 누구신가

일기장을 덮고
창밖을 내다봐도 보이는 건 시커먼 후박나무
낱장으로 흔들리는 큰 잎과 작은 잎들뿐인데

복날

개가 한 마리 밥그릇에 붙어있네
마른 밥알처럼 그릇에 붙어 떨어지지 않는 개는
혓바닥이 손이네 하나뿐인
손을 쓰윽 내밀어 그릇을 핥네 벅벅 긁네
주걱으로 긁듯 핥아도
뼈처럼 굳은 밥알은 떨어지지 않고
혓바닥을 타고 흘러내린 침에 밥그릇만 젖겠네
유기견처럼 살아온 내가
먹던 닭목아질 던져줘도
개목을 감고 있는 사슬은 풀리지 않고
허공만 휘젓다 주저앉은 두 발은 차라리 말뚝이면 좋겠네
오물자국 선명한 저 개줄을 풀어
밥그릇을 묶어놓고
고향집 지게발이라도 묶어둘 수 있는 말뚝이면 쓰겠네
하늘은 티 하나 없이 푸르고
삼계탕집은 보신하는 입들로 펄펄 끓는데
뼈가 된 밥알과 뼈만 있을 것 같은 개는
좀체 떨어질 줄 모르네

쉰내 나는 밥그릇에 매달려

남도목장

불쑥 가 보고픈 것이다

지 어매한테 못 부친 돈, 사십마넌 때문에
황소처럼 머슴일 하게 됐다는 곳
소똥을 치우고 지푸라기를 깔아주다 두엄터에
제 안의 똥도 져 나르게 됐다는 그곳, 나도 가서
소똥보다 더 냄새 고약한 내 안의 똥부터 먼저 져 나르다
통장에 든 돈만큼이나 말수 적은 그와 함께 목장 한쪽
볕 잘 드는 구석이 되어 일없이 늙어가는 황소와
새끼 낳다 죽은 어미소의 얘기를 안주 삼아
더러 퉤퉤, 침도 뱉어가면서
물거품 둥둥 떠도는 막걸리나
철철 넘쳐흐르는 울분 같은 것들 굴컥굴컥,
들이키고픈 것이다 가물가물 별빛마저 잠들 때까지
이렇듯 얼굴 벌건 남도 풍경과
두엄냄새 구수한 사투리도 몇 개 주워
버무릴 필요도 없이 그냥 삭뚝삭뚝, 잘라 먹고픈 것이다
되새김도 속쓰림도 없이 그냥 그렇게 살다
운주사 저녁노을처럼 곱게 저물고파 나도
화순땅 남도목장에 가고픈 것이다

새끼들 줄줄이 송아지 눈으로 기다린다는

피자 한 판 사 들고 세상에서 가장 빠른
시내버스가 되고 기차가 되고 다시 시내버스가 되어서

독감

누가
새벽부터
불을 지피는구나
사를 것
많은
내 몸속에

누가
또
찬물을 들이붓는구나
다 늦은 저녁 같은
내 몸속에

사르다 만
마음
속에

적막한담寂寞閑談

바다가 소리로만 보일 때

나는 범고래의 뱃속에 있었지 지나치던 바람이 아가미에 걸려
잉잉 울고 있었고 날카로운 이빨 사이로 잠깐 핏물이 흘렀지
마약이었나 주린 물개처럼 그 붉은 피를 다 들이마시고
까무룩 기절해 있는 사이 남극 심해 어디쯤에 와있는 것인지
크릴새우 뱃속에 그득했고 고래가 한 번씩 물 위로 솟구칠 때마다 나는
내 의지와 상의 없이 미친 파랑새와 함께 청룡열차를 타곤 했지
그렇게 얼마를 흘러갔는지 미친 파랑새는 보이지 않았고
갈매기나 뱃고동소리 같은 것이 이따금 머리 위에서 맴돌다
꼬리 쪽으로 스산히 스쳐지나 갈 뿐 뱃속은 마치 전원 끊긴 모니터
그건 무덤, 중력조차 느낄 수 없는 완벽한 무덤이었지
어쨌거나 범고래가 꿀꺽한 것은 이것만이 아닌 듯 소화되지 않은
별과 달이 반쯤 남아서 거실 벽지처럼 胃천장에 총총 박혀 있었고
고래 방광에 찬 오줌 뇨관을 타고 흐르는 소리 추억처럼
찰랑거리는데 채 분해되지 않은 새우들이 더듬이를 앞세워

이음새 없는 생의 출구를 더듬더듬 찾고 있었지
그건 마치 한편의 엑소더스, 폴 뉴먼이 출연한 영광의 탈출 같은 거
미쳤었나 아님 억지로 마신 술에 내가 배신을 당했던가
가벼운 마찰에도 불꽃을 튀기는 정전기처럼 촉수를 곧추 세운
어제의 내가 중언부언 한 말 또 중얼거리며 기억을 수습하고 있을 때
스스로 달아났던 팔다리들 주섬주섬 제자리로 돌아와
목에 감긴 미역줄기를 무 자르듯 뚝 뚝, 쳐내고 있었지
해파리 때문에 온몸 쑤시고 어지러웠으나 나는 기고 또 기어
범고래의 숨구멍을 찾고 있었지
뚫고 나아가기보다는 빠져나가는 것에 더 익숙한 본능으로

일탈을 꿈꾸는 고요
그 차가운 유혹에 빠져 스스로 떠나온 길
소음과 굉음으로 가득 찬

되돌아가, 박하사탕처럼 속까지 하얀 이웃을 찾아
밀쳐내지 않아도 스스로 지는 노을에 관하여
한바탕 떠들어대고 있었지

>

범고래가 긴 꼬리를 치켜들고
수평선 너머로 희부연 사라질 때까지

고등어

날카롭다

비린내 나는 세상
저를 끌고 다닌 지느러미도
짠 삶을 걸러내던 아가미도
다물다 만 입까지도

당당했다

물구나무 세우는 폭력 앞에서도
할복당하는 수모 속에서도
두 눈만 부릅뜬 채
반듯 누워 있던 죽음이

눈부셨다

망망대해, 휘젓고 다니던 속 다 드러내놓고
간도 쓸개도 없이
염장을 기다리는
이 속 빈 등의 푸르름이

눈물의 집

어쩌다 이 비좁고 악취 심한 곳에다
집 지을 생각을 했을까?
돈과 재혼한 집 뛰쳐나와 찔레꽃 엉겅퀴 인동초
제멋대로 자란 무덤 앞에서
소낙비 쏟아지듯 운 뒤로 울어본 적 없는 나
해진 지폐처럼 이 손 저 손 거칠 때
거지는 아니었으나 거지나 다름없을 때
하루에도 몇 번씩 뛰쳐나가려는 눈물들 꾹꾹, 이십 년도 넘게 꾹꾹
핏발선 안구 뒤에 가둬두고 살았으니
구역질나는 내 목젖을 넘고
똥통을 지나는 고생길 마다하지 않았겠다 근처 있던 울음들도
어여 가라 어여 가! 스크럼을 짜고
서로 밀고 당겨줬겠다

바르르, 바르르 떨며

한참을 손끝에서 주저주저하던 바늘
가시와 같은 이것에게도 귀라는 것이 있어
그 무엇에게 찔림당할 말을 들은 적이 있는지
첨단을 걷는 세상에서
밤새 운 눈처럼 퉁퉁 부운 물집

끝내 허물어버리지 못하고 그만 스르르 제 집 찾아들고 만다
불과 이틀 전인데
그것도 무허가건축이라고 누가 철거를 시작했는지
집 찾아가는 발 틈 사이사이
끈적끈적한 눈물
소리 없이 번진다

산사춘山寺春

오층석탑, 귀나간 옥개석이 구름 한 점 이고 있다 빨아 넌 승복 같다
약사불은 흔들림 없이 한 손에 약병을 들고 계셨고
보재루, 턱 낮은 양쪽엔 수양벚꽃 명자꽃 조팝꽃 갓 출가한 비구니처럼 서있다
작고 크게 뭉쳐서

술래잡기하던 숙희와 옥자 같았다 사방치기하고
땅따먹기하고 밀서리 해먹던 경철이와 칠규 같았다

걷다가 섰다가 붙어 앉아 김치!와 치즈를 외치던 사람들
소리도 사진기도 어느새 없어지고 내 눈에 찍힌 발자국만 남았다
띄엄띄엄
남아서 친구가 간절한 나와 풍경소릴 듣고 있다

빨래 넌 스님 손에 햇살이 씻겨나가거나 말거나
어치란 놈이 소리를 꽥꽥 지르다 가거나 말거나

불당 앞에 엎드린 지어미 가슴팍을 물고 뜯던 삽살개
입 찢어져라 하품을 해대는

단풍잎아리아

툭툭, 문설주라도 두드려보고 싶다
심심풀이가 되어도 좋고 거리의
비둘기처럼 뒤뚱뒤뚱 굴러다니다
한 장의 사진이 되어도 좋다
익숙해진 발들에 채이고 밟히다
엇비슷한 것들 틈에 끼어
칼잠을 청하는 것도 좋고 포개져
몇 밤을 지새는 것도 좋다
어느 철거민의 불쏘시개가 되는 것 말고
누군가의 책갈피가 돼
잠 못 이루는 것도 말고
호수나 강가를 떠돌다
서툰 낚시꾼의 친구가 되어 꼴깍, 꼴깍
목줄 넘어가는 술,소리를 듣고 있는 것도
나쁘진 않을 것 같은데
배수구에 막혀 가도 오도 못하고
제대로 썩지도 못하면 어쩐다?
반은 썩어 주저앉고 반은 멀쩡한 호박처럼
폐가 한쪽 나뭇가지에 목을 맨 채
오늘도, 주저주저하고만 있는

커피칸타타

웃고 있어도 슬퍼지는 저 여자
커피향 따라 나도 가다 보면 예멘이나 자메이카
커피콩 따는 여인을 만날지도 몰라
태양과 땀에 달달 볶인 유두, 진밤색
프렌치 같은 여자의 유두 맛을 볼지도 몰라
흑인 노예의 뿌리와 뿌리가 만든
이디오피아 하라르커피나 블루마운틴
볶지 않은 생두 맛은 어떨까
달달 볶던 직장도 아내도 잊고
계단으로 시작해서 계단으로 하루가 끝나는 도시
빌딩과 의자도 잊고
웃고 있어도 슬퍼지는 여자의 커피향이 되어
스팀밀크처럼 부푼 구름이 되어 룸바나
왈츠나 퀵스텝을 추면서 아프리카로 중남미로
바흐가 살았던 독일 아이제나흐까지
마침내, 갈 수 있는데까지 가보는 것이다

하늘 한쪽 빨갛게 익어가는
커피콩 같은 저녁

요나콤플렉스

암놈은 먹이 때문에 죽고 숫놈은 간음 때문에 죽는다*
나는 간음 때문에 살고 암놈 때문에 죽다가도 사는데

* 손택수「자산어보」중에서.

3부

두 발로 걷는 치타

1.

이건 악어예요 저 빌딩은 코끼리이고 이 테이블은 거북등

쥐띠였으나 고양이과인 여자와 동물과 다름없이 사는 내가 이름 붙여 사는 집

카멜레온 같은 네온과 가로등이 뱀눈처럼 번뜩이는 거리는

누 떼나 들소 같은 차들이 시도 때도 없어 출몰하는

레스토랑에서

뜯는 스테이크와 임팔라의 피 같은 포도주는 금빛갈기 찬란한 사자들의 만찬

공부방에서 풀려난 새끼들은 새장을 뛰쳐나온 앵무새죠 어른들이 짓는 표정과 말을 따라하다

언젠가는 양이 되고 사슴이 되고 하이에나가 될

새끼 둘을 낳고 어미가 된 우리 둘은 치타, 콘크리트 숲속에다 덫을 놓듯 포장마차 차려놓고

토끼나 말이나 양 같은 사람들 주머니를 뜯어먹고 사는 치타죠

공장과 농장과 공사장을 전전하며

일찌감치 코가 꿰인 황소와 젖소의 아들이죠 졸두씨바알을 먼저 배운

스리랑카원숭이죠

>

2.

그늘이 두꺼워지면 어둠이 되는 건지
울분이 모아지면 먹구름이 되는 것인지 참았던 비가 통곡처럼 쏟아지던 어젯밤은
내가 겪은 밤, 중에서 가장 어둡고 축축한 밤이었죠
부조를 적게 해서가 아니라 타고 온 차가 유난히도 크고 반짝이는 친구를 만나서가 아니라
황소와 젖소가 살던 헛간 같은 집을 보았기 때문이죠

3

상사화 여린 피막을 열고 뒷걸음치는 어둠 앞에서
스무 살 꽃뱀이 빌고 있었죠 하늘을 찌를 듯 치솟은 첨탑 안에서
젖과 꿀을 찾는 고양이도 빌고 있었고
사슴눈을 한 이웃집여자도 빌고 있었죠 그러나

나는 힘을 더 믿는 치타,

돈이 힘인 세상에서
주말이면 복권방을 순례하는 로또교의 착실한 신도죠

겨우 잡은 임팔라 사자에게 빼앗기고

대신 잡은 토끼, 아직도 바둥거리고 있는 토끼를 새끼 앞에 내려놓고 아직도

식식거리고 있는

막걸리자국

일이 많을 땐 힘들어서 못하겠고
몸이 편할라치면 배가 고파서 힘든 황씨
밥에 등 떠밀려 13살 때 집 나온 사람

오늘은 운이 좋아
대폿집 하수구 공사를 하게 됐는데
가며오며 스치는 작부의 엉덩이에 발목을 잡혀
그날 번 품삯
고스란히 대폿집에 되돌려주고
비칠비칠 나오면서 하는 말

부처님 예수님 신령님
고맙고 또 고맙습니다

집도 없고 돈도 없고 여자도 없는 내게
이리 예쁜 여자와 놀 수 있는
막걸리를 만들어 주셔서 ……

막힌 하수구마냥 흘려보내고
흘려보내려 해도 쌓이고 쌓이는 삶의 찌꺼기
막걸리로 씻어내고 희석시키며 살아온 황씨
머리에 막걸리자국 선명한

돋보기를 쓰고

할머니, 팥 고르시네
플라스틱 바가지와 자루 속으로
갈라서는 팥들

쪽방이나 반지하방에서
바글바글, 속 끓이며 사는 우리들처럼
머리를 맞대거나 서로 등 대고 앉고 누워
성치 못한 눈이 내린 결정에 모두
숙연해지네

자루 속 팥들은 돈에 팔려 미구에
낯선 장터로 객지로 팔려갈 것이고
바가지 팥들은 팥들대로
저 자란 곳에서 한끼 죽이 되거나 일개 잡곡으로 사라질 터이니
바가지 팔자나
자루 팔자나 다를 게 뭐겠는가

쇠줄에 다리가 꽁꽁 묶인
돋보기 너머
바싹 마른 팥 심정, 아는지 모르는지
갈라놓던 손으로
간간이 눈 비비시네

영영

내가 없다
내 사진첩에는
어쩌다 찍힌 고아원과 신호등 없는
교차로와 찍혀있지 않았음 싶은 아이만 하나
물음표처럼 고개를 숙인 채
회벽에 기대서있을 뿐

내 사진첩에는
내가 없다
어쩔 수 없어서 나를 먹이던 집과
씨 다른 종자가 시름시름 자라던 텃밭
주막의 젓가락처럼
어쩌다 형제가 된 나는
있다가 없다

곳간이란 말만 들어도 도둑놈이 되고 싶던 시절

나락물고 날던 참새처럼
끊임없이
꿈을 물고 하늘을 날던 30년 전의 나는 있다가 없고
영영, 기억에도 없는 아버지만
내 사진첩에는

없다가 있다

격하게 때론
맥없이

입동

가을걷이 끝낸 햇살이 잠시
노적가리 기대 졸고 있는 동구 밖

어미 곁에서
나불대며 살던 잎들은 잎들대로 생각이 달라
새벽차 타고 달아난 자식처럼
뿔뿔이 떠나갔던 것인데
나비춤을 추며 날아갔던 것인데

터 잡고 내려앉았다는 곳이
잘 지내고 있으니 걱정하지 말라는 곳이
고작
지어미 시린 무릎 아래
서리 깔린 논밭 이라니……

시커멓게 탄 속 가득 돌덩이다
부르트고 드문드문 가지 잘린 저
느티나무

별까지 깨 귀뚜라미 소릴 듣는 밤

피멍이다
떨어지면 끝장인 나무에 붙어
바둥거리다 단풍 든 낙엽들
바닥에는 한 방울 피도 보이지 않는데
머리를 쿡쿡 쥐어박는다
바닥으로 패대기친다 매달리고 악을 써봐도
결실 없는 내 가을 속에서
묘목처럼 무럭무럭 자라야 할 자식들
내일은 또 어느 구조에 붙어
떨어지지 않으려 바둥거려야 하는지
애써 가둬두고 묶어두려 해도
재채기처럼 튀어나오는 이런저런 생각들
어느 구름 속을 떠돌다 내게로 온 독감인지
툇마루까지 튀어나온 잠은 먼데
사막에라도 든 것처럼 고요한 집엔
흔들어대면 와르르 떨어질 것 같은
별들뿐 바람귀에 붙어
가끔씩 뒤척이는 낙엽과
귀뚜라미 그 숨차오는 소리뿐

빈병

반듯한 이름표만은 자랑처럼 빛났지
사내가 긴 그림자를 끌고 매점 안을 기웃거리기 전까지만 해도 나는
먼지를 뒤집어쓰긴 했어도 뱃속은 든든했고
날파리 들끓던 하늘은 금빛 은행잎으로 그득했었으니

사내가 거칠게 굴면 굴수록 나는
어디선가 손 싹싹 빌고 있을 그에 어미가 생각났어
탈탈 털어 먹였지 마른 젖이 될 때까지
더 이상 나오지 않게 되자 발길질을 해대더군 거푸 두 번을 차더군
은행나무에 이슬이 맺혔지만 돌아다보지도 않았어
남루만이 형벌처럼 남았지

이처럼 내가 생각도 못한 발에 차여
공원 한쪽 차가운 바닥에서 나뒹굴고 있듯이 그는 또
어느 낯선 거리에서
속도에 차이고
바람에 휘둘리며, 낙엽처럼 이리저리 굴러다니고 있는 것은 아닌지
뭇등 같던 그에 등이 자꾸만 생각나네

이렇게 누워 가만히 있어도
속울음이 절로 문풍지 울듯 새나오는 날은

내 오줌은 지금, 어느 영역을 지나가고 있을까

절집 계곡물에 오줌을 눈다
그래도 명색이 수컷인데 영역표시는 해두고 가야지,
농 삼아 중얼거리다 문득
짐승처럼 으르렁거리며
물고 물리고 뜯고 뜯기며
넓혀온 영역이란 게 고작
오줌발 뻗치는 것만큼의 거리는 아니었는지?
어렸을 적부터 나는 산과 들 강가를 가리지 않고
핏대를 세워가며
오줌 내갈기는 장난을 즐겨 했는데
그래서 내가 눈 오줌에는 늘 핏빛이 돌고
지린내가 났을까, 생각하기도 싫은 생각은
또 다른 생각을 불러내고 끌어내
계곡물처럼 줄줄줄 콸콸콸 불어나는데
저기 저 허리 휜 비탈밭
한끼 거름도 되지 못하고 흘러간 내 오줌은 지금
어느 영역을 지나가고 있을까
집 찾아가는 길은 점점 더 어두워만 가고
붙어 다니던 그림자도 어느새 제 영역을 찾아갔는지
보이질 않는데
산 너머에서 흐린 불빛을 반짝이던 별 하나
갑자기 오줌을 찌익 내갈기며
아래 마을 쪽으로 떨어진다

신발

신발 한 짝 누워있다
지금은 새벽이고
나는 밥 벌러 가야 하는데
외면할 수도 없게
해진 끈 풀어헤치고
왜 자꾸 나를 보나
나는 밥 벌러 가야하고
지금은 새벽인데
해진 입 속에
고인 그 물은 무엇이냐
입이 있어도 말할 수 없는 너는
짝을 찾아 나섰던 것이냐
짝이 너를 버렸던 것이냐
지금은 새벽이고
나는 밥 벌러 가야 하는데
같이 걷다 헤어졌던
술병을 걷어차다 잃어버렸던
기왕에 벌어진 일
술을 원망하겠느냐 그렇다고
세상을 탓하겠느냐
나는 밥 벌러 가야하고
지금은 새벽인데

새끼도 아닌 것이
도심 한쪽 공원에서 왜 자꾸
나를 보게 하나

홍시

움켜쥐면
주르르
흘러내릴 것만 같은
금방이라도
실핏줄 터져
가슴 속 온전히
핏빛으로 스며들 것만 같은
투명함으로
진저리 치다
그만
덥석
깨물어버리고만
아기

발
뒤꿈
치

집성촌

외증조할머니 최간난여사 꽤매 쓰던 바가지 같은 집 아래 화강암으로 개축한 안무안씨 돌에도 무궁화가 활짝 피어있는 집 건너 육촌당숙모 밋밋한 가슴처럼 동글납작한 집 곁에 안동성이네 이놈아! 볕 한줌 안 드는 이 집이 그리도 탐나더냐 젖먹이 제수씨 버리고 형들 앞서 부랴부랴 차지한 집이니 부디부디 잘 살거라 막걸리 끼얹으며 울던 그 안동천씨 금테안경보다 금이빨이 더 번쩍번쩍 빛나던 바로 그 집 건너 위쪽 색은 좀 바랬으나 여전히 싱싱한 국화꽃 백합꽃 보초 서듯 꼿꼿이 서있는 안구자 벽자 쓰시던 우리외할아버지 늦게나마 할머니와 재결합하신 그 양지바른 집 아래 서울서 이사온 작은 외할아버지 댁 어치란 놈 꺅꺅 울지도 않고 고개만 까딱거리다 떠난 그 집 바로 아래 도장 찍듯 도장나무 쿡쿡 경계 그어 논 집터와 축대 무너진 집터 사이 자식놈은 감옥에서 그 아비는 동네에서 죄인으로 살았다던 그 짐꾼 안씨 수염 자라듯 까칠한 풀만 무성한 집 뒤로 월남에서 돌아온 안중사 삽 대신 총을 들고 오로지 일곱 식구 위해 싸웠다던 그 안중사 집 막내아들 째즈라든가 무슨 락이라든가 장발만 고집하던 선용이가 오늘은 머리 빡빡 깎고 군대 간다며 큰 절 올리고 있는,

군자란

군자란, 꽃피웠다
겨우내 쌓인 먼지와 추위를 털어내듯
군불 지피던 어느 손의 불빛으로 피웠다
언 땅 녹이는 아침의 햇볕과
갖고 싶어하던 황금나팔로 피웠다
바깥바람 아직 차갑고
그늘진 곳의 눈도 그대로 있어
관심 밖에 두고 살았는데
君子란, 이래야 하는 것인지
무심한 내 눈에 먼저 찾아와
손을 갖다 대게 하고 이마를 들이밀게 한다
사진 찍게 하고 미소 짓게 하고
닫혀있던 발코니까지 활짝 문을 열게 한다
지난 해 솟은 꽃대, 등대 같은 그것이
그나마 이웃처럼 붙어있어 아무도
거들떠보지 않던 시절이 덜 외로웠을 것이다
덜 막막하고 덜 추웠을 것이다
위로의 말을 건네듯 물을 주고 닦아
거실에 모셔다놓고 보니
새삼 미안타!
긴긴 겨울 물 한번 제때 주지 못한 손이
꽃 필 때만 잠깐 관심을 보이는 내 눈이

너

우리 그냥,
포성 없는 전쟁이라고 해두자
밀리고 밀려 반도 끝까지 쫓겨갔던
아군이라고 해두자
섬진강 지나 모악산 너머
고졸 하달까 수줍다 할까
햇볕 따슨 절집에서 만난 너
만경평야 푸른 아낙의 새참과
경운기로도 만난 너
바람도 쉬어가는 추풍령 아지랑이
한밭의 종달새로 다시 만난 너
마을마다 계곡마다
푸른 솟대 세워놓고 크고 작은
오색 등불 밝혀놓고 우우우-
함성도 없이 우루루- 퇴각도 없이
북으로 북으로 전진중인 너
우린 그냥,
북진중인 무적의 아군이라고 해두자

밀리고 밀린
손끝에서 맘 끝에서
오늘도 새로 살같이 돋고 있는 너
봄

포터, 노루보

누가
말 못하는 저 발에게 낡은 슬리퍼를 신겨놓았나
수백 미터 직벽을 굴러굴러
내 심장에 와 박히는 눈사태 쿵!쿵! 소리,와
高山症이 가로막는 에베레스트B.C는 과연 먼데
하늘은 풍덩 빠져 뛰어놀고 싶을 만큼 푸르고
주위는 온통 神들이 산다는 설산뿐인데
일당 삼 달러의 크레바스에 빠져
바닥이 된 저 발, 걸을 때마다 나를 출렁이게 한다
출렁다리다 벼랑 끝에 놓여 있는
저 발은, 내가 주는 초코파이도
지친 야크의 거품 문 울음소리도
눈으로 보아야만 겨우 알아듣는 눈만 맑은 농아
거꾸로 자라는 고드름처럼
땀만 뚝뚝 흘리고 있는 직립이 나는 슬픈데
마주칠 때마다 웃는다 히말라야나팔꽃처럼
외줄을 타고 오를 때도 웃고 간밤에 핀 눈꽃처럼
영하 15도에서도 소리 없이 웃는다
밝게 눈부시게 웃는다

저보다 더 무거운 내 짐 지고
오늘도
내길 가고 있는 저 발은

격포에서

내가 사는 동네엔
잠시라도 다투지 않고서는 심심해서 못 견디는 이들
더러 있지

격포 바다
그와 같아서 볼 적마다 바위를
괴롭히고 있었지

휴전도 잠시
밀물의 바다는 게거품을 물고
바위는 또 속이 까맣게 타고

사람들 몰려와
사진을 찍거나 댓글을 달아 인터넷에 올리거나
관심조차 없지 오직 갈매기만이
끼룩끼룩 울며 둘 사일 오고 가는데

하기사 물 빠진 개펄에 작은 돌멩이처럼 생긴 나도
30년 넘게 산 마누라 속을 몰라
툭하면 말다툼 일삼아 하고 지내니

이 먼 서해까지 와서

끝 모르게 다투는 저 둘 사이도 분명
전생이 부부였겠다
아니면
……

남대문

달래 냉이 씀바귀 쑥쑥
커가는 밭에서 놀 때도
씨 거두던 아버지
새참 따라갈 때나
막걸리 심부름 갈 때에도
불쑥불쑥 열리던
감출 수도 없게 얼굴 벌개
말 더듬던 남남 남대문

군대가
엎드려뻗쳐 할 때나
대물림한 한숨 소리
문지방을 들락날락할 때도
남남 남대문은 열리던
닫을 수도 없게 불쑥불쑥
치솟던 남대문

자식농사 망쳤다고
남남처럼 원수처럼
등 돌리고 누운 오늘
닫혀있던 남대문이
먼저 잠든 자라목이

달진 뒤에 해가 솟듯
비 온 뒤에 죽순 돋듯
불쑥불쑥 솟아서
은근슬쩍 열려서

“남남 남대문을 닫아라
남남 남대문이 열렸다”

육거리시장

퉁퉁 불은 손이 비린 손을 잡는다 잔치 없는 잔치국수 만날 때 꽁치 같은 생선은 생선대로 도마는 도마대로 칼을 피해 잠깐의 휴식에 들어가고 김이 모락 모락나는 찐빵과 찐빵처럼 생긴 얼굴 건너 피범벅 된 순대와 족발 사이에서 명상하듯 눈 감고 있는 돼지머리 어느 절의 마애불 같은데 까마득한 바다에서 까마득한 바닥으로 살아온 다시마와 미역 너머 뱅어포처럼 뼈가 다 드러난 저 할머닌 바닥일까 바다일까 짠 소금일까 양파 껍질 같은 손이 젯상차리듯 고여놓은 양파 밤톨만하고 메추리 알만하고 메추리 알처럼 주근깨투성인 여자는 연어 회귀하듯 거슬러올라 올라가면 찐빵 하나에 울고 웃던 나 어릴 적 큰누이 같은데 어디선가 끼이익, 브레이크 밟는 소리 돼지 멱따듯 들리는데 난전을 끼고 돌다 돌다 두부 한 모 들고 중얼중얼 돈 잃어버린 사람처럼 다시 오는가 싶게 되돌아가는 마누라 늙은 호박처럼 무처럼 굵어만 가는 허리 다리 주위를 둘러보니 바닥과 바다에서 새우등이 된 조개칼은 조개를 까고 마늘칼은 마늘을 까고

4부

마이너리거 읽기

졸고 있다 세 평 남짓 흐린 형광불빛 아래서 혼자 떠들고 있는 티브이 탓이 아니다 짜장면 한 그릇에 나를 팔아넘긴 당신 탓도 아니다 오죽했으면 한방을 기대하는 당신 앞에서 저 감독은 스퀴즈번트를 시켰겠는가 쥐어짜서라도 점수를 올려야만 살아남을 수 있다 박빙이나 박봉이나 목줄이 타기는 마찬가지 책 볼 새 없는 당신이 코치를 해야 한다는 것도 문제라면 문제다 단 하루라도 눈짓 손짓을 하지 않으면 집안에 온통 에러가 발생하는 저 점수란 놈이 전광판을 바꾸고 종목을 교체한다고 부러진 배트처럼 토막 난 당신의 주가가 상승하겠는가 바닥을 기고 있는 자식놈의 점수가 올라가겠는가 단타에 멍든 당신과 유인구에 말려든 당신, 모처럼의 기회가 작전미스로 끝나거나 맘먹고 휘두른 자식놈의 펜대가 헛손질로 끝날 때 유기견처럼 거리를 배회하거나 소주잔을 물고 있을 당신 베스트를 다했다고 베스트가 되는 것도 아니고 메이저도 정년이 보장되는 것은 아니다 안타깝지만 역전에 실패한 당신이 야구장이나 객장으로 출근하다 가정으로부터 퇴출당한 얘기가 더 시적이다 잘나가는 소설 같다 그러니 신간도 주간지도 아닌 나는 그저 빗맞은 공을 기다리는 볼 보이, 헌책방 한쪽 코너에 기대 오늘도 어쩌다 굴러오는 당신과 구겨진 얼굴을 하고 헐값에 팔려올 또 다른 나를 기다리며 이렇게 졸고 있는 것이다 술 먹은 사람처럼 갈피갈피 곰팡내를 풍기면서

종이학

접었다
폈다
얼굴을 코를
다시
목을 길게
빼고
접다 물 한 모금
다시
하늘 한번
보고
날개를 폈다
접고
다시
눈을 붙였다
일어나
다시
밥을 먹고
접었던 다리
팔과 허리
폈다
다시 접고
앉아

입만 삐죽 삐죽
내밀다
다시 접고
접다 다시 폈다
펴니

보이는 건
주름뿐
내,
손이 거쳐 간
자국뿐

산사에서

등 굽은 스님
합죽합죽 옥수수를 드신다

옥개석 씻는 빗물 보며 알알이 박힌
법문을 되새기는지 베어 문 곳을 다시 물곤 하는데
삼화령 애기부처같이 앳된 스님
휴대폰 들고
연신 문지방을 넘나든다

내려갈 길 아득한데
비는 좀체 멎지 않고

멎지 않는 비에 붙들린 나는
넉살 좋게
옥수수 하나 얻어 들고 노스님 말씀을 듣다 먹다
먹다 졸다 하는데

어린 찰피나무는 몇 시간째 꿈쩍도 않고
내 몫의 비까지
흠씬 맞고 서있다

그런데

남한 땅을 밟은 북한국방위원장의 조화는 흰 국화다
대통령과 야당당수의 조화도 흰 국화이고
5·18과 10·26의 조화도 흰 국화다
긴 칼 옆에 차고 광화문을 지키는 이순신장군도
조선사람이고 KAL기를 폭파한 김현희나 김신조도
의심할 바 없는 조선사람이다
방금 지나친 보신각과 시청과 연도의 커피숍도 한국땅이고
햇볕도 외면하는 쪽방골목도 한국땅이다
함흥냉면집과 초계탕은 대구에도 있고 종로에도 있고
내가 사는 청주에도 있다
남산에 저 소나무, 오늘도 변함없이 푸르고
하느님이 보우하사
금강산에서 본 소나무도 늘 푸른 적송이었다
못 배운 것이 한이 돼 학생으로 죽은 우리아버지
손바닥만 한 비석도 우리 것이고
나보다 곱절은 더 커 보이는 전직 대통령의 비석도
우리 것이다 그런데, 그런데,

소나티네

나일강에 떠다니는
폐유 같은 그대는 누구세요?
저는 밤인데요 바다와 산 위에 떠있는
해를 다 먹어치우고 야금 야금
달마저 먹어치운 그믐밤인데요
캄캄하게 잊혀지고자
호수에 몸을 던지면
울컥울컥 되살아나는 물방울인데요
거품인데요 나는
강가에서 맴돌던
안개 속에서
부글부글 끓다가
지푸라기에 얹혀있게 된 거품인데요
지푸라긴데요
저는 잡초로 태어나
날 세우며 자라던……
이것이 재앙인지 축제인지
목에는 내 귀에도 익숙한 음표를 달고
이 밤도 내가 아는 소리 몇이 죽었다
모였다

첫눈

열어젖힌 커튼 사이로 속이 훤히 드러난 후박나무 한 그루 고양이 발자국 선명한 눈을 한참 내려다보고 있다가 정수리 휑한 내 모습이 반가웠던지 창가의 내게 다가와 악수를 청하는데요 어두운 것이 싫은 나는 대꾸도 않고 슬쩍 자리 비켜 앉아 애인 손처럼 따뜻한 찻잔에서 손 풀지 않았는데요 아침 댓바람부터 기분 상했다고 투덜대던 후박나무 어느새 키 작은 피라칸타나무에게 다가가 무어라 수군거리고 있는데요 피라칸타나무는 관심 밖이라는 듯 빨갛게 익은 제 열매 눈 털어내기 바쁘고 길 건너 공터에서 뒹굴던 강아지 두 마리는 서로 엉겨 눈 속의 눈이 돼버렸는데요 옆집 점이 엄마 백구야! 소리 하늘마저 놀라 새파래졌는데요 까치는 괜히 종종 걸음이고요 창가의 벽 한쪽도 금세 붉어지는데요 비둘기 빨갛게 언 발 녹여주던 해도 그만 깃털 속에 파묻혀 저 편한 자세로 졸고 있는데요 티브이 속 기상캐스터는 출근 길 조심하라며 첫눈처럼 환하게 웃고 있는데요 출근이란 말을 잊은 지 오래인 나는 생강차만 후루룩, 후루룩

명암지

햇볕에 데인 아이가 물수제비뜰 때
명암지는 커다란 가마솥
바람도 잔물결도 잘잘 끓는 가마솥
뛰어든 양떼와 새털구름이 아이의
수제비를 냉큼냉큼 받아먹는 가마솥
버드나무에 앉아 지켜보던 호반새도
뜨거워! 들여다보고만 있는 가마솥

오월

절을 합니다
절 받을 일이라곤 내 집 찾은 모기한테
헌혈한 것밖에 없는데 그것도 큰절로 합니다
머리 깎고 출가하고 싶다고, 갑자기
꼬인 창자에선 해일이 일고 뇌 한쪽에선 지진이 납니다
맑은 하늘에 날벼락이 연신
가문 눈우물에 물꼬를 내고 있었으나
방금 벗어 건 양복처럼 겉과 속이 다른 저는
무언가에 걸려 꼼짝할 수도 없습니다
임기응변의 수제자가 된 입만이
별별 구실을 다 들고나와 울타리를 친다 말뚝을 박는다
아, 난리라는 게 이런 거구나 싶었습니다
출가를 종용한 스님이 대관절 누구요?
절이 무슨 양노원도 아니고
애들은? 엄마 병수발은 또, 대출받은 돈은
창밖은 마음처럼 점점 더 캄캄해지고 라일락인지 장민지
분위기 파악 못한 냄새는 슬금슬금 문지방 넘어오는데
의심 많은 저는 주방으로 가는 아내 등에
남은 말뚝 하나 그예 박고 맙니다
출가든 가출이든 빚이라도 다 갚거든 가!

부처님이 오셨다는 오늘
부처의 가피보다 은행빛이 더 감사한 날이었습니다

장작

보고 말았어 뭉툭뭉툭 잘려나간 살점 속에서 팔다 남은 너덧 개비 나무토막 같은 소의 정강이 뼈, 가마솥을 끓이고 저를 끓이다 재가 된 누군가의 장작 같았어 왠지는 몰라 그냥 화기를 머금은 듯 핏물 머금은 뼛속에서 쇠죽 쑤던 누군가의 굽은 등이 보였고 눈망울 그렁그렁해지던 황소와 쟁기 워낭소리 같은 것이 환청인 듯 들리기도 했어 되돌아보면 되새김질 하는 입안의 보리알처럼 미끌미끌 잘도 빠져 다니던 아이 적 내가 패기 싫고 해오기 싫어 도망 다니던 땔감 같기도 했고 지금까지도 베고 눕고 싶어 꿈속에서나마 파고드는 누군가의 마른무릎 같기도 했어 시골 한 모퉁이 주인도 파리도 없는 푸줏간

체념, 소각되지 않는

거울 본다 앞뒤 다른
나는
어떤 균열과도 무관한 시간 속에서도
조금씩 금이 가고
채깍채깍, 채를 치는 눈동자는 또
무언가를 걸러낸다
누군가가 짓던 웃음과 문자와 눈물 같은,
사랑은 소각되어야할 쓰레기
싹싹 핥던 고양이와 짓던 개
총 하나면 안 되는 게 없던 시절
총 대신 폐지와 고철을 들고
고물이 된 꿈과 패기를 들고
펄펄 끓던 용광로, 나는
줄곧 잊고 있었다 아니
활활 타던 심장 어디 보관하고 있던가
갓 조립된 시계 속에서
활짝, 피어있던 분홍빛 코스모스
비둘기가 물고 날던 별
또 하나 장식장의 인형처럼
내 안에만 곱게 갇혀있다 쓰레기가 된
또 다른 나

와이퍼

경쟁하듯 달리다 잠시
휴게소에 머물렀다

차창엔 빗물이 땀처럼 맺혀있고
쉴 새 없이 유리창을 닦아내던
와이퍼도 길게 누웠다

운전대를 놓고 나도 누워 생각하니
저 와이퍼 같았음 좋겠다

운전대를 잘못 잡은 누군가가
도수 높은 내 안경에 느닷없이 흙탕물을 튀기거나
가는 길에 빗물이
통곡처럼 흘러내릴 때

그냥 아무렇지도 않게
다가가거나 마주서서 와이퍼처럼
고개를 살래살래, 좌우로 저어 보이며
쓱쓱,
칠판의 글씨를 지우듯이 그렇게
쓰윽쓱

>

닦아 내다가
밀어 내다가

투명한 바닥에 저냥
길게 누워

봄날은 간다

잘 있었냐? 나도 그래
수캐처럼 가끔 여기저기 기웃거리다 오기두하구
뭐? 어, 내가 한 오만 원 먹었지
바람난 년놈들 배꼽 맞추듯 치는 족족 짝짝 들어맞는 게
…… 그래! 그래서 저녁이나 먹자구 한 건데
찌링이가 좀 늦게 왔어
아, 그게 또 반갑다구 문회 종벽이 주희 재인이 죄다 부르네
노래방 아줌마들만 신났지 얼굴엔 자산홍 연산홍 만발하고
애들 하루치 학원비라도 챙긴 주머닌
과식한 배처럼 부풀어오르고 있었으니
고장생이 너 알지 아, 그 소전 살던 애
허우대는 곰 같은 놈이 여시 같아서 또 3차, 야야 말두 마
그날 나 오지게 피박 썼어
어떡하긴 며칠 버티다 불었지 그래! 연분홍치마에
봄바람 같던 우리마누라 형사 다됐어 그럼그럼
나 대신 카드가 요절났지 으으, 그래그래
전화료 많이 나오겠다 뭐, 그 자식두 요샌 한 겨울이야
으으 다들, 넥타이 매고 다닐 때 얘기지
벚꽃놀이 다음날
출근하기 싫다고 투덜댈 때 얘기지

초승달

새벽에 담 넘어오는 여인이 있다
등 굽은 어깨에 색 누런 숄을 걸치신

시장한담

거대한 고목이다, 의식주가 숲속 잡목처럼 빽빽하게 들어찬 시장
으쌰으쌰, 지렛대로 세워놓고 보니
좌우로 뻗친 가지에는 상형문자나 만화 같은 물건들이 주렁주렁 달려 있고
동냥그릇을 자식처럼 앞세우고 바닥을 기던 사내는 암벽 타는 산악인
땀 뻘뻘 흘리며 고목 한쪽 벽을 오르고 있다

기거나 올라가거나 땀 흘리기는 마찬가지인 세상

대형 마트가 빤히 보이는 가지에는
수천 번 저를 끓였다 내뱉은 피와 내장들이 막걸리와 뒤엉켜있고
질척거리는 바닥에는
시큼시큼한 냄새와 털 뽑힌 족발과 닭들이 신체검사 받듯 줄서 있다
곁가지엔 포장마차가 이마를 맞댄 채 하천으로 뛰어들거나
물에 빠진 구름처럼 둥둥 떠있고

하천의 발원지는 밑바닥

>

남해바다부산갈매기안면도횟집홍도야우지마라니캉내캉봄날은간다현풍할매고향집
한 두릅 굴비 엮듯 엮여
하류로 하류로 흘러가는 바닥들
꽃이 피면 서로 웃고 별이 지면 홀로 우는 난전들

지하다방 언니가 넝쿨장미 담 넘어가듯 슬금슬금 뿌리내린
가시뿐인, 그 가지 너머
배다른 형제처럼 뻗은 또 다른 가지에는 모텔과 모텔
캄캄할수록 더 빛을 내는
건물들이 지는 해를 가로등처럼 내걸고
차갑게 어두워가는 장바닥을 물끄러미 내려다보고 있다

일없이 사내를 일으켜 세웠던 나는
허공에 써 논 누군가의 느낌표가 돼 있고

독도

독도,

바다가
바위를 후려치고 있었다

맞고 있는 바위보다 때리고 있는 바다가
더 시퍼렇게 멍이 들어 있었다

전동차보고서

내용 : 지하철 3호선 00열차에 관한 이 시간 현재의 상황

뛰고 또 뛰었으나 오늘도
서서 가야만 하는 콩나물과 앉아가는 운 좋은 이
굶어도 배부른 임산부에
초면인 채 서로 기대 자는 신혼부부 합이 2013명
남이야 졸든 말든, 발에 발이 밟히든 말든
뚫어져라 책만 보는 지성파 사이사이 여보! 저쪽!
재빠르게 헤어져 가는 이산가족 625명에
저 혼자 신이 난 이어폰 반음 낮춰 소곤대는 오작교와
스마트폰에 아바타가 된 게임족
지하철인지 지옥철인지 처음 타보는 고춧가루 단호박
달달하면서도 코끝 얼얼한
엄마 큰 병 되기 전에 빨리 병원에 가보세요
이름만 효자인 전화도 1212명이나 되고요
만 원짜릴 단돈 천원 한 장에 모시는 영등포구 가리봉동
구걸하는 이 풍진 하모니카는 각각 365명이며
치마 속을 훔쳐 가는 몰카와
엉덩이에 ……차마 적기도 민망한 변태는 18놈
지갑을 꿀꺽 하다 잡힌 인간말종과 이런 순 개들을
잡아가는 공안요원 112던가 119명이던가, 그렇고요
바람 든 무처럼 겉만 멀쩡한 폼생폼사에
무늬만 럭셔리한 짝퉁도 2848명이나 되며 끝으로
이렇게 남의 글 모방하며
시인 흉내 내는 파렴치범은 한 명(희)이 되겠습니다

해설

수컷의 세계와 나무의 세계

— 남성적 멜랑콜리와 그 시적 승화

윤지영 시인 · 동의대 교수

수컷의 세계와 나무의 세계
— 남성적 멜랑콜리와 그 시적 승화

윤지영 시인 · 동의대 교수

이 시집의 주인공은 중년을 훌쩍 넘긴 전형적인 대한민국의 남성이다. 그는 머리숱이 줄어들고 배가 나오고 허리띠를 배꼽 아래 무심하게 매고 있다. 그는 직장에서도 가정에서도 등 떠밀려 백척간두에 혼자 버려진 듯 위태롭다. 얼굴에는 자신을 배신한 삶에 대한 분노와 오래된 피로가 새겨져 있다. 그러나 한때는 꿈을 좇던 소년이었고, 집안의 기둥이었으며, 나라의 허리였던 그다. 우리 아버지이기도 하고, 큰형이기도 한 그가 그 울분과 회한을 시의 언어로 털어놓는다. 성별, 세대, 문화적 차이 같은 여러 차원에서 타자인 내가 그들의 속마음을 엿듣는다. 그리고 가늠해본다. 그는 이제 어디로 가야하는가? 그에게 남은 것은 무엇이며 그가 선택할 수 있는 것은 무엇인가? 그는 진솔하게 속내를 풀어놓는다. 시적 의장들로도 다 숨길 수 없는 그 강렬한 파토스에는 치열했던 삶이 남긴 체취가 짙다. 이 글은 수줍게, 그러나 강렬하게 내비친 한 사내의 속내로부터, 한 낯선 타자가 읽어낸 진실의 편린을 담은 사족이다.

1.

남자들은 어째서 그토록 남성성에 목매는가 하는 문제로부터 시작해보자. 이 시집에 실린 많은 작품들은 노골적으로 남성성을 과시하고 또 갈구한다. 「남대문」, 「와이키키」, 「내 오줌은 지금, 어느 영역을 지나가고 있을까」 등. 그들은 스스로를 "수캐", "숫컷"이라고 부르길 주저하지 않는다. 가령, 「봄날은 간다」가 보여주는 도박과 술, 노래방과 도우미로 이어지는 일련의 남성 문화는, 그들이 처한 곤궁한 상황에도 불구하고 공감보다는 불편한 느낌과 의문을 낳는다. 그들은 어째서 이토록 남성성에 집착하는가? 남성에게는 삶의 궁지로부터 벗어날 탈출구가, 그러니까 살아있다는 걸 확인할 방법이 그것 밖에 없는 걸까? 어쩌면 이러한 태도는 위악적이고 자조적인 포즈일지도 모른다고 생각해본다. 또 사회적 통념과 학습된 위선을 걷어내고 보면 성이야말로 우리 삶의 유일한 목적이자 동력일지도 모른다는 생각도 해본다. 말하자면 생의 에너지에 대한 비유 같은 것?

이러한 의문을 풀기 위해 「아담증후군」으로부터 시작해보자. "중년이후 남성호르몬 분비가 줄어들면서 생기는 각종 증상을 통틀어 일컫는 의학 용어"를 제목으로 삼고 있으니만큼 어쩌면 남성들에 대한 객관적인 이해를 도울 지도 모르니 말이다.

> 머리카락이 빠지고 있어요 속알머리 없는 놈이라고 사람들이 놀리는데 그건 제 잘못이 아녜요 나는 그냥 몸이 시키는 대로 아내를 멀리 했을 뿐 자위는 생각해본 적도 없어요 술 못 먹

는 집안 내력 때문이라고 아내는 매일 밤 포도주를 권해요 검은깨를 바르고 검은콩을 먹이고 경제지를 보다가 등돌리고 자기를 원해요 버틸 돈이 없는 나는 또 절벽 같은 등 뒤에서 없는 머리카락을 쥐어뜯고 있어요 뒤로할 수 있는 게 뭐 없을까 뒷거래가 스릴도 있고 힘도 덜 들고 재미도 쏠쏠하다는데 소갈머리 없이 나도 등돌리고 생각해요 아내 몰래 뱀탕을 먹고 해구신을 찾아 멀리 남극까지 밀항하는 꿈을 꾼 것도 죄가 되나요 의사 처방 없이 비아그라를 사먹으려 한 것이 실정법 위반이라면 그건 인정하겠어요 아니아니 부정하겠어요 생각한 것만으로 죄인이 된다면 제 삶이 너무 불쌍하잖아요 아버지, 그나저나 얽히고설킨 제 가계도의 신경줄 좀 잘라주세요 질긴 줄과의 인연을 끊고 그 자리에 동백을 심고 싶어요. 강진이나 해남 사는 동백처럼 푸르게 살다 붉게 떨어지게요 가발을 벗고 가면도 벗은 나는 이제 사자도 늑대도 아니에요 고양이의 빨간 발톱이 무서워 찍소리도 못 내고 사는 쥐예요 쥐새끼예요 혹, 당신께서도 그렇게 살다 시간의 덫에 걸려 찍소리도 못하고 죽은 쥐새끼는 아니신가요? 아버지

—「아담증후군」 전문

과연 이 시는 중년 이후의 남성들이 겪게 되는 증상에 대한 보고라고 할만하다. 증상은 탈모와 정력 감퇴로부터 시작한다. 그러나 신체적 징후만 있는 게 아니다. 시인이 의도했든 그렇지 않든, 세상과의 단절, 혹은 세계로부터의 후퇴라는 심리적 반응도 아담증후군의 하나임을 이 시는 보여준다. "아내를 멀리 하"기 시작하고 "등 돌리고 자길 원"하고, "절벽 같은 등" 뒤에서 혼자 머리를 뜯으며 생각에 잠기는 행위는 비단 아내로

부터의 등돌림만을 의미하지 않는다. 화자는 세상으로부터 등을 돌린 채 세상의 뒤로 물러서고 있는 중인 것이다. 그러한 물러섬은 물론 호르몬의 변화에서 기인하는 것이며 무엇보다 성적인 위축과 연관된다. 그러나 이 시에서 보다 눈여겨 보아야 할 것은 그러한 물러섬이 초래하는 결과다. 그 변화야말로 이 시집 전체를 지지하는 근원과 맥을 같이한다.

시의 후반부에서 화자는 느닷없이 "아버지"를 부른다. 그리고 아버지에게 "가계도의 신경줄 좀 잘라"달라고 요청한다. "질긴 줄과의 인연을 끊고 그 자리에" "동백"을 심고 동백처럼 살고 싶다고 말한다. 그의 현재는 이러한 방식으로 과거, 그리고 미래와 연결된다. 말하자면, 세계로부터의 등돌림으로 인해 과거와 미래로 대표되는 내면의 세계가 그의 안전에 열린 것이다.

그러나 화자는 그 사실을 의식하지 못하고 있는 것 같다. 이 시에서 그가 욕망하는 것은 남성 섹슈얼리티의 회복이다. "뱀탕"과 "해구신", "비아그라" 같은 강장제가 그를 다시 세상 앞에 바로 서게 해줄 묘약이라고 믿는 것 같다. 사실 이러한 인식은 새삼스러운 게 아니다. 많은 남성들이 남성성 그것을 자아의 본질이자 자신을 자신답게 만드는 핵심이라고 생각한다. 그들은 자신을 남성성과 동일시한다. 영역표시가 "수컷"의 권리이자 본분이며, "오줌발 뻗치는 것만큼의 거리"가 곧 자신과 동일하다는 남성적 통념을 담고 있는「내 오줌은 지금, 어느 영역을 지나가고 있을까」는「두 발 달린 치타」,「경적소리」,「마이너리거 읽기」 등이 보여주는 살벌하고 치열한 세계 인식과 무관하지 않다. 영역을 넓히기 위해 "짐승처럼 으르렁거리며/ 물고 물리고 뜯고 뜯기며" 분투하는 삶, 약육강식의 원리가 지배

하는 피 튀기는 삶, 죽이지 않으면 죽는 살벌한 그러한 삶이 함의하는 바는 자명하다. 그것은 곧 수컷들의 세계이다.

그러나 과연 한 개인의 정체성이 성적 정체성과 일대일로 대응되는 것일까. 특히 남성에게 있어 자신이 확보한 영역의 넓이, 힘의 세기 같은 것이 한 인간을 규정짓는 전부가 될 수 있는 것일까. 이 시집의 남성 화자들은 그렇다고 생각하는 것 같다. 그렇지 않고서야 생리적으로 불가피한 남성성의 약화에 전존재가 그토록 흔들릴 이유가 없다. (이는 비단 남성에게만 해당하는 이야기는 아니다. 여성 또한 자신의 여성적 섹슈얼리티를 자신과 동일시한다. 따라서 여성에게도 같은 질문이 던져질 수 있다.)

아이러니하게도, 남성성에 대한 강렬한 희구를 보여주는 시들은 의도와 무관하게 그와 같은 동일시가 허구이며 환상임을 드러낸다. 가령, 「아담증후군」의 화자가 남성성의 상실로 인해 내면의 세계를 발견하게 된 것은 화자의 내부에 남성성 말고도 다른 무엇이 존재함을 의미한다. 「내 오줌은 지금, 어느 영역을 지나가고 있을까」에서 자신이 기를 쓰고 표시한 영역의 보잘 것 없음을 깨닫는 것은 또 어떤가. 그것은 그러한 정체성의 허약성과 취약성을 의미하는 것에 다름 아니다. 자신의 삶이 "늘 핏빛이 돌고/ 지린내"가 풍겨야만 했던 이유가 그처럼 보잘 것 없는 것 때문이라는 자조는 인생과 존재에 대한 만고불변의 진리를 이끌어낼 하나의 중요한 질문으로 이어진다.

> 저기 저 허리 휜 비탈밭
> 한끼 거름도 되지 못하고 흘러간 내 오줌은 지금
> 어느 영역을 지나가고 있을까

집 찾아가는 길은 점점 더 어두워만 가고
붙어 다니던 그림자도 어느새 제 영역을 찾아갔는지
보이질 않는데
산 너머에서 흐린 불빛을 반짝이던 별 하나
갑자기 오줌을 찌익 내갈기며
아래 마을 쪽으로 떨어진다
—「내 오줌은 지금, 어느 영역을 지나가고 있을까」 부분

"오줌"은 "한끼 거름"이 됐을 수도 있었을 것이다. 그러나 그의 "오줌"은 무언가를 창조하고 다른 생명에 기여하는 대신 영역 다툼을 하느라 소모되었을 뿐이다. 게다가 그 결과도 시원치 않다. 어디 그뿐인가. 이제 오줌은 "흘러가" 버리고 없다. 자아와 동일시했던 남성성이 얼마나 한시적인 것인지, 더 나아가 자아 정체성이라는 개념이 얼마나 덧없는 것인지를 이 "흘러가" 버린 오줌의 이미지는 암시한다. 오줌발이 얼마나 세냐, 그 오줌이 확보한 영역이 얼마나 넓냐는 상관없이 모든 오줌은 흘러가버리게 되어 있다. 세상에 존재하는 모든 것들이 그러하듯 말이다. "오줌"은 흘러가기 마련이라는 사실의 깨달음은 자연스럽게 그 가는 곳에 대한 질문으로 이어진다. 이 질문은 모든 존재의 근원과 목적을 묻는 질문이기도 하다. 집을 찾아가기도 전에 어두워져버린 화자의 상황과 겹쳐 놓고 본다면 오줌 또한 그와 마찬가지로 "집 찾아가는 길"에 있는지도 모른다. 그렇다면 그 집은 또 어디란 말인가.

이 시집에서 노골적으로 호출하고 있는 남성성은 그저 섹슈얼리티로서의 남성성이 아니다. 그 핵심에는 누구에게나 해당되는 존재론적 질문이 새겨져 있다. 비단 남성뿐만 아니라 우

리 모두가 나 아닌 다른 것, 예컨대, 섹슈얼리티나 부, 명예 같은 것을 자신과 동일시하면서 존재를 유지하고 있다는 사실이 그것을 상실한 자의 목소리로 이야기되고 있는 게 이 시집이다. 이 시집은 또한 자신이 동일시하던 것을 상실하게 되었을 때, 그러나 그것을 회복할 가망성은 보이지 않고 세상으로부터 움츠러드는 때, 바로 그때가 새로운 세계, 새로운 차원과 만나게 되는 기회라는 진실도 보여준다. 여기서 새로운 세계란 말하자면 그의 "오줌"이 흘러가 닿게 될 바로 그곳이라고 할 수 있을 것이다. 피비린내 나는 수컷 세계의 문이 닫히고 이제 밑바닥 깊숙이 가라앉아 있던 세계이자, 모든 것의 기원이며 미래의 시작이기도 한 세계, 하여 시를 길어 올릴 수 있는 가장 풍요로운 원천이기도 한 과거, 그리고 내면이라는 세계가 문을 열고 그를 기다리고 있는 것이다.

2.

이 시집의 남성 화자들이 새롭게 발을 들여놓은 세계에서 발견할 수 있는 가장 소중한 것은 자기 내부에 잠들어 있던 생의 불꽃이다. 이는 여러 편의 시에서 불완전 연소된 불로 변주된다. 가령, 독감으로 인한 고열은 내부에 "사를 것"이 많이 남아 있다는 표지이다(「독감」). 아래 시는 이 내면의 타오르지 못한 것의 정체를 아름답게 보여준다.

> 만약, 찢어 버린 다짐이나 편지처럼
> 재구성할 수 없는 문장들로 가득한 나를
> 수정하거나 편집해주는 곳이 있다면

이국의 마을 오아시스 같은 곳에서 불어오는 바람과
사막의 별자리가 꿈인 바람, 이라는 문장이다
콘크리트 속에서 모래알을 씹다 사막이 된 나는
종려나무 다시 싹틔울 만큼의 비를 간직한
구름이며 눈망울 그렁그렁한 낙타다, 말이다
별자리를 뛰쳐나온
신화이며 듣다가 잠이 들 아이다
여기 녹슨 철문을 타고 올라온
메꽃이 집나온 소녀처럼 연붉게 웃고 있는 집
술이거나 밥물이며 이슬처럼 맺혀서……
점점점, 점으로밖에 끝낼 수 없는 어느 카라반의
깨알 같은 소식이다 깨꽃이야 피든 말든
남이야 깨소금을 볶든 말든
어느 날은 오아시스 혹은 신기루 같다가도
사막을 걷는 것처럼 모든 것이 막막해지는 직장
길을 찾아주는 아이콘이며
삭제하고 싶은 것들의 휴지통이다
불완전 연소라는 접속사를 달고 타들어가는
담배다
마지막 불꽃이다

—「엉뚱, 하고픈 밤」 전문

이 시에서 화자는 자기의 재구성을 꿈꾼다. 그러한 몽상의 출발은 상실한 것에 대한 그리움에서 비롯된다. 화자는 자신의 내부가 "찢어버린 다짐이나 편지처럼/ 재구성할 수 없는 문장들로 가득"하다고 느낀다. 때문에 "수정"하고 "편집"되기를 바란다. 그리고 이 시에서는 그 미완의 문장들이 복구된다. 문장들은 하나같이 자유와 순수와 동경을 품은 것들이다. 말하자면 이국의 마을과 별과 바람, 사막과 오아시스, 소년과 소녀, 종려나무와 메꽃 같은 것들이 바로 화자의 내면에 간직되어 있던 것들이다. 「체념, 소각되지 않는」에서는 보다 직접적으로 내면의 불에 대해 이야기한다. 비루한 생활에 대한 묘사 끝에 자기 안에 "줄곧 잊고 있었"던 "활활 타던 심장"을 떠올린다. 그리고 이것은 "활짝 피어있던 코스모스 분홍빛/ 세상과 비둘기 물고 날던 별"과 연결된다. 이처럼 그들은 남성다운 강력한 파워를 대신하여 내면의 진짜 불꽃을 찾게 된다. 마치 그 남성성이 이 순수한 생의 불꽃을 잠식하고 있기라도 한 것 같다.

문제는 이 불꽃이 끝까지 타오르지 못한다는 점이다. 아름다운 연상들은 갑자기 단절된다. 「체념, 소각되지 않는」에서는 내면의 불꽃이 "내 안에만 틀어박혀 있다 쓰레기가 된 / 또 다른 나"로 갑작스레 전환되며 마무리된다. 「엉뚱, 하고픈 밤」도 마찬가지다. 내면의 동경을 표상했던 "사막"은 뫼비우스의 띠처럼 "막막한 직장"으로 이어지고, 막 피어나기 시작한 아름다운 문장들은 갑자기 등장한 "삭제하고 싶은 것들의 휴지통"이라는 구절에 가로막힌다. 마치 그런 문장이 쓰여진 종이가 있다면 곧장 구겨 던져 넣기라도 할 태세다. 시의 마지막에 등장하는 "마지막 불꽃"은 이 휴지통에 버려진 종이를 삼켜버릴 것만 같다.

어떤 분노와 절망이 느껴진다. 자기 내부에 존재하는 것이 "쓰레기"에 불과하고 자신 또한 "휴지통"이라는 자학이 감지된다. 이러한 자기 학대, 자기 부정은 그의 시 곳곳에서 발견된다.

첨탑과 구름과 수초에 찔려
붉게 피를 흘리는 해
뜨겁게 타다가
누군가의 손에 버려지고 싶은 나
보, 보에 막혀
—「무심천」 부분

배수구에 막혀 가도 오도 못하고
제대로 썩지도 못하면 어쩐다?
반은 썩어 주저앉고 반은 멀쩡한 호박처럼
폐가 한쪽 나뭇가지에 목을 맨 채
오늘도 주저주저하고만 있는
—「단풍잎아리아」 부분

강물은 흘러가야 한다. 단풍은 물이 들면 운좋게 "누군가의 책갈피가 되"거나 그보다 못해도 떨어져 뒹굴다 썩어야 한다. 그러나 「무심천」에서 강물은 "보에 막혀" 흘러가지 못한 채 더러운 쓰레기들이 쌓여간다. 강물에 비친 해마저 그렇다. 그것은 뜨겁게 타오를 수 있는 것이며 그래야 하는 것이다. 그러나 이 시에서 해는 이중으로 흐려져 있다. 하늘에서 빛나는 대신 강물에 비치며 처음 그 빛을 잃고, 그 강물이 가로막혀 썩어가고 있다는 데서 다시 또 빛을 잃는다. 「단풍잎아리아」에서는 "배수구에 막혀 가도오도 못하고/ 제대로 썩지도 못하"는 것에 대한 공포가 가능한 다른 소망들을 잠식한다.

이런 시들은 내면의 불을 소생시키는 것만이 시인의 유일한 소망은 아니라는 점을 확인할 수 있다. 그는 자연의 자연스러운 섭리에 따라 흘러가거나 썩게 되는 것 또한 원한다. 그러나 자연스러운 소멸에 대한 소망은 아직 시기상조다. 그렇게 볼 수 있는 근거는 두 가지가 있다. 첫째는 소멸에 대한 희구가 화해와 순응이 아닌 자학과 분노에서 비롯되었다는 것이고, 두 번째는 그가 내면의 불꽃을 꺼내어 다시 살리는 시도를 멈추지 않고 있다는 것이다. 그 과정은 말할 것도 없이 시작의 과정을 의미한다. 그는 애써 살려놓은 내면의 불꽃 위에 번번이 스스로 재를 뿌리고 있지만 또 다시 불씨를 살리기 위해 조용히 숨을 불어넣는다. 이 시집은 그 시도와 실패의 흔적이 고스란히 새겨져 있다.

3.

그 불꽃은 어째서 타다 만 것일까? 자신의 내부로부터 그토록 아름다운 문장을 되살려내다가 어째서 급격하게 현실로 돌아오는 것일까? 대답은 시에 이미 주어져 있다. “어느 날은 오아시스 혹은 신기루 같다가도/ 사막을 걷는 것처럼 모든 것이 막막해지는 직장”이라는 구절이 암시하듯, 그의 삶이, 생계가 그의 문장들을 도로 가라앉게 만들고 그 불꽃을 사그라들게 만든다. 이것이 지금 그의 불꽃을 피어나지 못하게 만드는 원인이다. 이제 살펴볼 시들은 애초에 그러한 불꽃이 내면 깊이 가라앉을 수밖에 없었던 사정을 암시한다.

가랑비에도
집 한쪽이 줄줄 새고
출구가 탁,탁, 막히는

살구나무집 그 땀내 심하던 개살구
상한 속까지 파먹고 자란 나는
주둥이만 부지런한 개미였다

보이느냐 저기
피로 물든 잿빛 구름 속
오롯이 너를 지켜보고 있는 개살구
눈물보다
신물이 더 많던

—「개살구를 추억하다」 부분

자신을 "개미"에 비유하고 있는 이 시에서 주목할 것은 개미가 어떻게 살아남았는가 하는 점이다. 통상 개미는 맹목적으로 생계에 매달려 살아야 하는 우리 평범한 사람들에 대한 관습적 비유이다. 이 시에서도 예외는 아니다. "허리 질끈 동이고 두 손 두 발/ 쉴 틈 없이 놀리고 다"니는 행위는 허리띠 졸라매고 생계를 위해 아등바등 살아가는 우리네 자화상에 다름 아니다. 그토록 애를 써도 바닥을 벗어나지 못하는 결과도 그렇고, "약간의 달콤함에도/ 무작정 달려들고 보는" 습성도 그렇다.

이 습성은 그 기원이 오래 된 것 같다. 개살구를 파먹고 자란 과거가 그것이다. 맛도 없고 심지어 상하기까지 한 "개살구"를 "상한 속까지 파먹고" 살 수밖에 없었던 사정이 가난과 무관하지 않으리라는 점은 돌연 등장한 "살구나무집"의 누추한 풍경에서 유추할 수 있다. "개살구"는 그 누추한 삶과 대비를 통해 내부의 불꽃이라는 함의를 갖게 된다. 개미는 살아남기 위해 그것을 파먹었고, 이제 남은 것은 회한과 그리움뿐이다. 어쩌면 진짜 살구처럼 맛이 들을 수도 있었을 개살구는 "신물"을 가득 머금은 채 "나"를 지켜본다. 하필이면 "피로 물든 잿빛 구름 속"에 매달려 있는 이 개살구의 이미지는 앞서 "보에 막혀" 버린 해나 "나뭇가지에 목을 맨 채" 매달려 있는 "단풍잎"과 다르지 않다. 말하자면, 그는 생계를 위해 이 내부의 불을 바꾼 것이다.

「노을」은 생계를 위한 이 교환을 훨씬 더 극적으로 보여준다. 화자는 바닷가의 노을을 보고 내부의 불을 떠올린다. 그가 발견한 내부의 "불덩이"는 시가 전개됨에 따라 변화한다. 처음에는 "삶의 지도를 찾아 끝없이 지평선을 날고 기는" "바람"으로, 이는 다시 "구름"으로, 마침내는 "함초빛 능선에서 떡이 된 채 익어가는/ 수제비"로 치환된다. "수제비"라니. 그것도 "누군가가/ 뜯어먹고 빚어먹다/ 가는" 수제비라니. 이제까지 그 어떤 시에서도 노을을 "익어가는/ 수제비"에 비유한 적은 없을 것이다. 생계와 맞바꾼 "개살구"가 여기에서는 노을과 수제비의 은유로 변형되어 있다.

몇몇 자전적인 시에서는 이 먹고 사는 일의 곤궁함이 불행한 가족사와 연관되어 있음을 암시한다. 「달빛소나타」는 그의 고난이 아버지의 부재로 인해 시작되었음을 숨기지 않는다. 여기에서 그는 아버지의 부재를 "굶기를 부자 밥 먹듯 하며 독립운동하셨다는 아버지/ 자식도 독립적으로 키우기로 작심한 것인지 돌도 안 된 나를 두고 일찍 돌아가셨지/ (가난한 가장이 몸소 가르치는 조기교육이라고나 할까)"라고 하면서 아무렇지도 않은 척 언급하지만, 이어서 사고무친으로 자립했어야 하는 시절에 대해 이야기할 때 그 유쾌함은 자조가 된다.

이 시집에 등장하는 곤궁한 처지의 남성군상도 이러한 맥락에서 이해할 수 있다. 「막걸리 자국」의 황씨나 「남도목장」의 일꾼은 몸으로 벌어 하루하루 살아간다. 이들의 가족은 해체되었다는 공통점도 있다. 「막걸리 자국」의 황씨는 "밥에 등 떠밀려 13살 때 집 나온 사람"이고, 「남도목장」의 일꾼도 어머니와 떨어져 돈을 번다. 「고씨네」에서 자식들은 가난 때문에 뿔뿔이 흩어지고, 그 자신마저 "몇 푼의 보상비에 집 팔고/ 조상 팔고" 고향을 떠나게 된다. 가족의 해체는 가난에서 비롯된 것이기도 하고, 반대로 가족이 해체되어 가난하게 된 것이기도 하다.

그래서 이 시집의 사내들이 겪어야 하는 곤궁함은 육체와 영혼의 이원성 따위에서 오는 관념적인 것이 아니다. 그것보다 훨씬 역사적이며, 개별적이다. 또한 가장 오랫동안 부모의 지원을 받도록 조건 지워진 인간의 숙명이 낳은 결과이기도 하다. 우리는 가족을 선택할 수 없었고, 과거를 돌이킬 수도 없다. 하여 문제는 우리에게 남긴 그 깊은 상실을 어떻게 극복할 것인가 하는 점이다. 더욱이 현재의 상황마저 결핍과 상실을 기정사실화하며 과거의 곤궁함을 생생하게 소환하는 이때에 말이다.

4.

인간의 힘으로 극복할 수 없는 일들이 많다. 아니 어쩌면 어떤 일도 인간의 힘으로 극복할 수 없다는 게 더 맞는 말일 지도 모른다. 그러나 우리는 그것을 극복하고 개선할 수 있다고 믿으며 살아간다. 그런 믿음이 없으면 살아갈 힘을 잃는다. 이 모든 사실, 결핍은 결코 채울 수 없다는 사실과 결핍의 충족이 환상이라는 사실을 받아들이는 것이 어쩌면 생의 유일한 목적이자 의미일 지도 모른다. 그러나 그 무시무시한 진실은 완충장치가 필요하다. 시나 예술, 종교 같은 것의 역할이 그런 것이리라. 이러한 것들은 경험의 문제를 해석의 문제로 치환한다. 이미 일어난 역사의 문제를 의미의 문제로 치환할 때 상실을 상실로서 인정하되 앞으로 나아갈 수 있다. 그러한 점에서 결핍과 상실에 관한 사실적 고백의 시와 그에 대한 은유적이고 신화적인 변이형들을 살피는 것은 시의 가치와 역할에 대한 흥미로운 사실을 보여줄 수 있다.

영특했지 조기는 없고 자린고비만 있던 집에서 열한 살이 된 나는
남의 집 심부름꾼으로 구두닦이에서 아이스께끼 벽돌공장 오삽에서 주방보조
독립군이 변장을 하듯 불행을 바꿔 입고 자주독립을 외치고 다녔으니
그러나 독립은 나라 찾는 일만큼이나 요원하였고
손에 박힌 지문은 불행을 노래하는 악보 같아서
내 손을 잡은 입에서는 한숨과 슬픈 노래들이 저절로 줄줄 흘러나왔지

—「달빛소나타」 부분

나는 범고래의 뱃속에 있었지 지나치던 바람이 아가미에 걸려
잉잉 울고 있었고 날카로운 이빨 사이로 잠깐 핏물이 흘렀지
마약이었나 주린 물개처럼 그 붉은 피를 다 들이마시고
까무룩 기절해 있는 사이 남극 심해 어디쯤에 와있는 것인지

크릴새우 뱃속에 그득했고 고래가 한 번씩 물 위로 솟구칠 때마다 나는
내 의지와 상의 없이 미친 파랑새와 함께 청룡열차를 타곤 했지
그렇게 얼마를 흘러갔는지 미친 파랑새는 보이지 않았고
갈매기나 뱃고동소리 같은 것이 이따금 머리 위에서 맴돌다
꼬리 쪽으로 스산히 스쳐지나 갈 뿐 뱃속은 마치 전원 끊긴 모니터
그건 무덤, 중력조차 느낄 수 없는 완벽한 무덤이었지
어쨌거나 범고래가 꿀꺽한 것은 이것만이 아닌 듯 소화되지 않은
별과 달이 반쯤 남아서 거실 벽지처럼 胃천장에 총총 박혀 있었고

—「적막한담」 부분

「달빛소나타」가 한 인간의 생애에 대한 사실적 보고라면, 「적막한담」은 그에 대한 시적 버전이라고 할 만하다. 포장마차에서 듣게 된 한 남자의 회고 형식으로 전개된 「달빛소나타」는 궁핍한 가계도의 소개로부터 시작하여 맨손으로 자립해야 했던 유년과 청장년 시절의 고생담이 이어진다. 우리 전 세대가 우리에게 자주 들려주던 이야기이다. 우리의 현대사가 그렇듯, 화자의 유일한 꿈은 "독립"이며, 마침내 독립을 이룬다. 그러나 그 결말은 행복하지 않다. "더 나은 독립"을 꿈꾸다 결국 몰락하게 되기 때문이다. 평생을 걸쳐 일구었던 것들마저 잃게 되었을 때 어떤 일이 생기는가 하는 점은 「브라보, 파고다공원」을 보면 알 수 있다. 파고다 공원에서 만난 노인들의 삶

역시 "자주독립을 외치며 낙원을 꿈꾸었던" 삶이다. 그 희망은 실현된다. 그러나 예상치 못한 형식으로 실현된다. "육십 넘은 지금까지도 혼자 사는" 방식의 "독립"에 이르게 된 것이다. 우리의 아버지들이 힘겹게 성취해낸 독립은 결국 이렇게 고독하게 마무리되는 것일까?

이러한 사실적인 세부사항을 걷어내고 보면 「달빛소나타」는 영웅담의 구조를 갖고 있다. 비록 현재는 다시 몰락하였지만, 한 평범한 인간이 맨손으로 밑바닥에서 벗어나 홀로 일어서게 되기까지의 성장담이라는 사실은 변하지 않는다. 「적막한담」은 「달빛소나타」의 사실적 사항들을 신화적으로 번역함으로써 그 영웅담의 면모를 보다 분명히 드러낸다. 존재의 지평은 바다로 전환된다. 범고래는 그를 삼킨 거대한 현실이며, 그는 범고래가 삼킨 희생물이다. 범고래 뱃속에서 그는 함께 삼켜진 것들과 부대낀다. "전원 끊긴 모니터", "미친 파랑새", "소화되지 않은/ 별과 달", "크릴새우" 등은 그 궁지 속에서 그가 겪었던 희망과 절망, 동경과 좌절을 상징한다. 그는 마침내 "기고 또 기어" 탈출에 성공하고 범고래는 "긴 꼬리를 치켜들고/ 수평선 너머로" 사라진다. 그의 파란만장했던 생애는 그렇게 그의 손을 빠져나가고 있다. 보라. 좌절과 실패의 생애사는 이처럼 아름답고 숭고한 영웅 서사시로 변모되고 있지 않은가.

시적 상상력을 통해 현실의 이야기를 신화로 고쳐 쓸 때, 그와 더불어 어떤 빛나는 진실이 드러난다.

날카롭다

비린내 나는 세상
저를 끌고 다닌 지느러미도
짠 삶을 걸러내던 아가미도
다물다 만 입까지도

당당했다

물구나무 세우는 폭력 앞에서도
할복당하는 수모 속에서도
두 눈만 부릅뜬 채
반듯 누워 있던 죽음이

눈부셨다

망망대해, 휘젓고 다니던 속 다 드러내놓고
간도 쓸개도 없이
염장을 기다리는
이 속 빈 등의 푸르름이
—「고등어」 전문

이 시에서 속을 비워낸 채 "염장을 기다리는" 고등어는 내부의 들끓던 모든 것이 빠져나간 범고래의 최후를 반영한다. 이는 또한 상실의 시련으로 상심하고 있는 남성 화자들의 분신이기도 하다. 망망대해를 가로지르며 생을 이끌고 온 고단한 과정의 끝은 아름답지도 거창하지도 않다. 죽음이 모든 존재의 숙명이라지만 고등어는 죽음 이후에도 "속 다 드러내놓고/

간도 쓸개도 없이" 시장 좌판에서 팔리기를 기다려야 한다. 그러나 이 시는 그런 고등어에게 찬사를 보낸다. 생과 전투를 치루기 위해 사용되었던 무기들이 "날카롭다"고, 온갖 수모에도 "부릅뜬 채/ 반듯 누워 있던 죽음이" "당당했다"고, "속 빈 등의 푸르름이" "눈부셨다"고 말한다. 기능을 멈춘 채 한낱 물질로만 남게 된 존재를, 거기에 새겨진 신산한 과거의 흔적들을 숭고의 차원으로 승화시키고 있는 것이다. 이러한 의미에서 시적 상상력은 지젝이 말했던 바, 실재 앞에 드리워진 환상의 영사막이라고 할 수 있다. 시가 존재를 삼킬 듯 아가리를 벌리고 기다리는 거대한 구멍 속으로 발을 헛디뎌 영원히 몰락하지 않도록 방지하기 위해 드리워진 판타지의 영사막이라는 사실을 이 시집의 시들은 몸소 보여주고 있는 것이다.

시적 상상력은 실재의 어둠을 가리기만 하는 게 아니다. 시적 상상력은 처참한 생의 폐허로부터 숨겨져 있던 진실을 발굴해 내도록 해주기도 한다. 앞서 살펴본 「육거리시장」과 아래 「시장한담」의 비교에서도 그와 같은 점은 잘 드러난다. 이 두 작품의 관계 역시 「적막한담」과 「달빛소나타」의 관계와 유사하다. 「육거리시장」이 바닥 인생의 사실적 보고라면, 「시장한담」은 그에 대한 시적 버전이다.

거대한 고목이다, 의식주가 숲속 잡목처럼 빽빽하게 들어찬 시장
으쌰으쌰, 지렛대로 세워놓고 보니
좌우로 뻗친 가지에는 상형문자나 만화 같은 물건들이 주렁주렁 달려 있고
동냥그릇을 자식처럼 앞세우고 바닥을 기던 사내는 암벽 타

는 산악인
땀 뻘뻘 흘리며 고목 한쪽 벽을 오르고 있다

기거나 올라가거나 땀 흘리기는 마찬가지인 세상
—「시장한담」 부분

여기에서 시장이라는 공간은 "거대한 고목"으로 전환된다. 이 프레임의 전환은 세부적인 사항들을 바꾼다. 이제 시장의 골목은 가지이고, 시장의 물건들은 열매, 시장에서 구걸하는 걸인은 "암벽 타는 산악인"이 된다. 「단풍잎아리아」와 「별까지 깨 귀뚜라미 소릴 듣는 밤」에서 개개인이 '단풍잎'으로 비유된 이유도 이러한 맥락에서 이해할 수 있다. 개개인은 나무에서 떨어질까 두려워 "바둥거리다 단풍 든 낙엽"들이다.

그러나 세상이 거대한 나무이고 우리가 거기에 매달린 잎사귀라면 아무리 "악을 써봐도" "바닥으로 패대기"쳐지는 것을 막을 수 없다.(「별까지 깨 귀뚜라미 소릴 듣는 밤」) 나뭇잎이 영원히 가지에 매달려 있다면 그것은 살아있는 나무가 아니기 때문이다. 그렇다면 "기거나 올라가거나 땀 흘리기는 마찬가지"이다. 그렇다면 세계와 나무의 유사성을 발견하는 시적 상상력이 모든 삶이 곧 고해苦海라는 진리에 대한 통찰을 이끌어냈다고 말할 수 있으리라. 이는 또한 일찍이 할머니가 팥을 골라내며 깨달은 지혜이기도 하다. "자루 속 팥들은 돈에 팔려 미구에/ 낯선 장터로 객지로 팔려갈 것이고/ 바가지 팥들은 팥들대로/ 저 자란 곳에서 한끼 죽이 되거나 일개 잡곡으로 사라질 터이니/ 바가지 팔자나/ 자루 팔자나 다를 게 뭐겠는가." (「돋보기」) 그런 관점에서 보자면 "바다에서 바닥으로"(「육거리시장」)의 이행은 결코 추락이나 상실이 아니다. 그것은 부와 가난, 성공과 실패라는 세상의 질서가 숨기고 있는 인간 존재의 숙명이며, 세상의 질서와는 전혀 다른 차원의 질서를 암시하는 전언이다.

그 질서는 연대와 공감의 질서로 이루어져 있다.

전나무그림자는 펼쳐 든 검정우산, 안쪽엔
서로를 지탱하던 옹이들로 가득한

우산살처럼
모든 것이 연결되어 있는 세상은 비린내나는 손을 잡고
매일매일 헤엄치던 우리를 전나무 숲으로 데려갔지
가자미눈을 하고 서로의 아침을 펴 올리던

산허리마다 살구빛으로 헤엄쳐 다니던 안개가
검정우산처럼 펼쳐진 능선 너머로 사라질 때 우리는
반짝, 불을 켜는 알전구 오징어잡이 배처럼
먼데서 해변은 다투어 꽃을 피우고

—「검정우산」 부분

가지들이 "서로를 지탱하"는 "전나무"의 형상을 "펼쳐 든 검정우산"으로 치환하고 있다. 이러한 비유는 존재하는 모든 것들 간의 연대감과 동일성을 이끌어 낸다. 전나무의 가지와 검정우산의 우산살이 서로 연결되어 있듯, 세상 또한 "모든 것이 연결되어 있는" 곳이다. 그러한 상상 안에서만큼은 우리 또한 "비린내나는 손을 잡고/ 매일매일 헤엄" 치는 벗들이다. 이런 상상의 틀에서 펼쳐지는 정경은 아름답기만 하다. "전나무 숲"에서 "서로의 아침을 펴 올리"는 모습, "산허리마다 살구빛으로 헤엄쳐 다니던" 안개, "다투어 꽃을 피우"는 "해변", "해변을 드나들던 태양", "진자주색 단풍이" 든 개펄 등.

이 아름다운 공존과 조화의 풍경은 이 시집에 등장하는 또 다른 풍경을 떠올리게 만든다. 한편에는 먹고 먹히는 약육강식의 세계, 영역다툼을 하느라 가면을 쓰고 내부의 불을 소진해야 하는 세계, 그러다 실패한 자는 쓰레기가 되어 밟히는 세계, 말하자면 수컷의 세계가 있다. 그리고 꿈과 순수의 세계가 있다. 이 두 세계는 서로 얼마나 멀리 떨어져 있는가. 우리는 수컷의 세계로부터 나무의 세계로 이행해야 한다. 상실과 상처를 시적 상상력으로 재구해야 한다. 그렇게 해야 한다고 말하고 싶다.

그러나 사실은 그렇지 않다. 나무의 세계와 수컷의 세계는 양자택일해야 하는 배타적 세계가 아니다. 그 두 세계는 함께 공존한다. 상실로부터 시적 상상력이 가능해지고, 피 튀기는 투쟁의 잔재가 나무의 자양분이 된다. 이 두 세계가 서로 넘볼 수 없는 절연된 세계가 아니라는 사실을 이 시집은 몸소 보여주고 있다. 그의 시는 아름다운 동경으로 비약했다가 언제나 급격히 추락한다. 위의 시에서도 마찬가지다. 아름다운 정경에 대한 묘사는 과거형으로 표현되어 있고, 마지막 연에 이르러서는 그 스스로를 "단풍보다 서리가 먼저 내린" 존재, "젖기 위해 태어난 우산", "빛이 통과하지 못한/ 전나무그림자"로 인식하고 있다. 앞서 살펴보았던 일군의 시들과 마찬가지로 시적 상상력이 언제나 현실의 침입으로 와해되고 있다. 그러나 바로 이것이 시적 진실이다. 이 시인이 이 두 가지 세계 가운데 하나를 선택하지 못하는 것은, 나무의 세계로 도약하여 아름다운 환상을 통해 화해에 도달하는 대신 언제나 추락하는 것은, 그럼에도 불구하고 다시 비약을 꿈꾸는 것은, 그의 시가 시에 갇혀 있지 않다는 증거이다. 그의 내부의 불꽃이 아직도 생생하게 타오르고 있다는 증거이다. 이 시집이 거칠고 투박하나 아름다운 이유는 바로 여기에 있다.

한명희

한명희 시인은 대전에서 태어났고, 충북대학교 경영대학원 최고경영자과정을 수료했다. 라이온스 355 F(충북)지구 사무총장과 355(한국)복합지구 사무총장을 역임했고, 민주평화통일자문회의 자문위원을 지냈다. 2009년 봄 『딩아돌하』 신인상으로 등단했으며, 시 동인 '새와나무 회원'으로 활동 중이다.

이메일 : hariri1214@hanmail.net

한명희 시집

마이너리거

발　행 2013년 6월 30일
지은이 한명희
펴낸이 반송림
편집디자인 김지호
펴낸곳 도서출판 지혜
계간시전문지 애지
기획위원 반경환 이형권 황정산
주　소 300-812 대전광역시 동구 삼성1동 273-6
전　화 042-625-1140
팩　스 042-627-1140

전자우편 ejisarang@hanmail.net
애지카페 cafe.daum.net/ejiliterature

ISBN : 978-89-97386-54-3 03810
값 8,000원

* 이 시집은 충청북도 문화예술진흥기금 일부를 지원받아 제작되었습니다.